DAS BESTE ZUERST

9783829738156
W0027849

Stadtpanorama pur: Karlsbrücke mit Blick auf Kleinseite und Hradschin

INHALT

BESSER PLANEN MEHR ERLEBEN!

Digitale Extras
go.marcopolo.de/app/pra

⏲	Besuch planen	☂	Bei Regen
€–€€€	Preiskategorien	🐷	Low Budget
(*)	Kostenpflichtige Telefonnummer	👧	Mit Kindern
		⚑	Typisch

(🗺 A2) Herausnehmbare Faltkarte
(0) Außerhalb des Faltkartenausschnitts

ALTSTÄDTER RING 7

Das quirlige Herz von Prag – eine Achterbahnfahrt durch die Jahrhunderte im 360-Grad-Panorama.

Tipp: Vom Turm des Altstädter Rathauses aus wirkt die Teynkirche wie ausgestochen.

➤ S. 46

KARLSBRÜCKE 8

Seit fast 700 Jahren verbindet sie beide Moldauseiten – einst als wichtigste Verkehrsachse, heute als Freiluftgalerie mit grandiosem Panorama.

Tipp: Am schönsten in Dunst und Nebel – oder bei Sonne vom Altstädter Brückenturm aus.

➤ S. 44

SLAVIA 9

Die Grande Dame der Prager Kaffeehäuser – seit 1884 gleichermaßen für den Kaffee wie für den grandiosen Moldaublick geschätzt.

Tipp: Tolles Burgpanorama für ein Selfie – am schönsten im Abendlicht.

➤ S. 76

U ZLATÉHO TYGRA 10

Es gibt sie immer noch – die gute alte Prager Kneipe: holzvertäfelt, bierdunstig und schon am Nachmittag gesteckt voll, wie etwa der „Goldene Tiger".

➤ S. 106

BEST OF BEI REGEN

SCHÖN, AUCH WENN ES REGNET

PROGRAMMKINO FÜR ALLE

Im szenigen Programmkino *Světozor* siehst du internationale Filme in der Regel im Original und tschechische oft mit englischen Untertiteln. So lässt sich ein hartnäckiger Regenschauer gut aushalten.

➤ S. 103

POOLBILLARD BEI KAFFEE UND KUCHEN

Wenn's draußen ungemütlich ist, vertreiben dir im Café *Louvre* Kuchen und kleine Köstlichkeiten sowie fünf große Poolbillard-Tische die schlechte Laune.

➤ S. 74

EIN MUSEUM FÜR DAS BIER

Wie stellt man „flüssiges Gold" her? Das kleine *Biermuseum* gibt interessante Antworten auf alle wichtigen Fragen zum tschechischen Nationalgetränk Bier.

➤ S. 59

GIGANTISCH SHOPPEN

Dauerregen? Dann komm zum Bummeln ins *Palladium*. In den fast 200 Geschäften und 30 Bars und Restaurants des Einkaufszentrums findest du garantiert etwas, das deinen Geschmack trifft.

➤ S. 91

SIGHTSEEING AUF SCHIENEN

Die *Straßenbahnlinie 22* lässt kaum eine Sehenswürdigkeit aus: Ob Nationaltheater oder Hradschin, Karlsplatz oder Wallenstein-Garten – steig einfach in diese Tram.

➤ S. 21

TECHNIK, DIE BEGEISTERT

Ein wahres Universum der Technik entfaltet sich auf fünf Etagen im *Technischen Nationalmuseum* und beweist, dass Tschechien schon immer ein Land einfallsreicher Tüftler und genialer Kontrukteure war (Foto).

➤ S. 64

BEST OF
LOW-BUDGET

FÜR DEN KLEINEN GELDBEUTEL

WACHWECHSEL AUF TSCHECHISCH

Fanfaren, Gleichschritt, Uniformen: Die tägliche *Große Wachablösung* auf dem Hradschin um Punkt zwölf Uhr ist großes Kino ganz umsonst.
➤ S. 32

GÜNSTIGES PIVO MIT MOLDAUBLICK

An heißen Tagen sind die Holzbänke unter den Kastanienbäumen des *Letná-Biergartens* rappelvoll. Das frisch gezapfte Bier gibt's für zwei Euro am Büdchen. Der sensationelle Blick auf die Altstadt ist gratis (Foto).
➤ S. 104

PRAGS BERÜHMTESTES STRÄSSCHEN

Wer beim Besuch des *Goldenen Gässchens* dem Gedränge aus dem Weg gehen will, kommt nach Feierabend – dann ist sogar der Eintritt frei.
➤ S. 35

GRATIS-GUIDES

Meist am Altstädter Ring starten täglich Gratisstadtführungen verschiedener Anbieter. Die Guides leben von Trinkgeldern!
➤ S. 47

ROXY ROCKT

„Free Mondays" – die Prager Clublegende *Roxy* tut etwas gegen das miserable Image des ersten Wochentags. Sehr löblich.
➤ S. 102

FÄHR TRADE

Die günstigste Moldaufahrt gibt es ab 30 Kč: Auf den witzigen kleinen *Linien-Personenfähren (April–Okt. | ropid.cz/en/ferries)* gelten die normalen ÖPNV-Tickets – z. B. von Výtoň nach Smíchov (Straßenbahn 2, 3, 7, 17, 21 Výtoň) oder von Holešovice über die Hetzinsel (Štvanice) nach Karlín (Straßenbahn 1, 12, 14, 25 Holešovická tržnice).

BEST OF
MIT KINDERN

SPANNENDES FÜR GROSS & KLEIN

PETŘÍN-PARTIE

Die 1891 gebaute *Standseilbahn* auf den Petřín führt zum „Prager Eiffelturm" mit bestechendem Rundumblick. Kinder begeistert auch das historische *Spiegellabyrinth (Bludiště)* nebenan.

➤ S. 42

AUF DER MOLDAU IN FAHRT KOMMEN

Im Tret- oder Ruderboot von der Halbinsel *Žofín* aus die Stadt zu erleben ist ein echtes Abenteuer, das auch die Kids erfreut. Da siehst du Prag gleich ganz anders.

➤ S. 110

FILMTRICKS SELBER MACHEN

Ein Blick in die Werkstatt des berühmten tschechischen Fantasy-Regisseurs Karel Zeman im *Karel-Zeman-Museum* zeigt: Auch Hollywood ließ sich hier inspirieren.

➤ S. 40

PLÜSCH, BLECH UND BARBIES

Die weltweit größte private Sammlung des Zeitvertreibs gibt's im *Spielzeugmuseum* und reicht vom antiken Griechenland bis heute.

➤ S. 35

NÄCHSTER HALT ALLE AUSSTEIGEN!

Ein Paradies für kleine und große Straßenbahnfans wartet im *Straßenbahnmuseum.* Erst Modelle bestaunen und dann mit der Nostalgie-Bahn eine Runde durch die Stadt drehen.

➤ S. 66

UNTER GEIERN UND GIRAFFEN

Gorillas, Giraffen und Pinguine und noch viele mehr – über 650 Tierarten erlebst du auf dem weitläufigen, von natürlichen Bächen und Felsen durchzogenen Gelände. Der Prager *Zoo* gilt als einer der schönsten Tiergärten weltweit (Foto).

➤ S. 65

BEST OF

TYPISCH

DAS ERLEBST DU NUR HIER

AUF EIN BIER MIT DEM NACHBARN

Es gibt nicht mehr viele Kneipen rund um den Altstädter Ring, in denen sich Prager wohlfühlen. Im *U parlamentu* ist das anders – und deshalb ist hier immer was los.

➤ S. 83

MARKT AN DER HAVELKIRCHE

Seit dem Mittelalter existiert der *Havelmarkt* im Schatten der gleichnamigen Kirche. Auch wenn mittlerweile mehr Kunst und Schmuck als Obst und Gemüse im Angebot sind: Gehandelt wird hier wie einst.

➤ S. 92

STEINERNES WAHRZEICHEN

Die *Karlsbrücke* platzt tagsüber aus allen Nähten. Trotzdem fasziniert sie bis heute. Im Morgengrauen oder in der Dämmerung kannst du die Moldauquerung in Ruhe genießen (Foto).

➤ S. 44

JAZZ IM KELLERGEWÖLBE

Die Tschechen seien Meister im Improvisieren, heißt es – auch in der Musik. Super Bedingungen für das jazzige Prag. Die Besten der einheimischen Szene hörst du im Kellerclub *Agharta*.

➤ S. 102

FRANZ KAFKA UND PRAG

Zu seiner Heimatstadt hatte Franz Kafka ein mehr als schwieriges Verhältnis – und die Tschechen taten sich ihrerseits lange schwer mit dem deutschsprachigen Autor. Im *Franz-Kafka-Museum* tauchst du tief in die Lebenswelt des Schriftstellers ein.

➤ S. 40

KUBISTISCHER KANDELABER

Schon mal einen *Laternenpfahl* besichtigt? In Prag, der Welthauptstadt des Kubismus, steht der einzige kubistische Kandelaber der Welt, seltsame Blüte der kantigen Bau-Mode.

➤ S. 23

SO TICKT PRAG

Fortbewegungsmittel Nummer eins in Prag: die Tram

12
HLUBOČEPY
219
Bolí
6860

ENTDECKE PRAG

Dicht gedrängt stehen die prächtigen Stadtpalais mit ihren Arkaden am Altstädter Ring

Prag, das goldene, tausendjährige, hunderttürmige – eine Stadt der Geschichte und Geschichten, der heimlichen Gärten und barocken Winkel, von Büros und Business, von Start-ups und hektischem Treiben. Prag lebt den Wandel seit Jahrhunderten und geht ein spannungsreiches Wechselspiel aus Tradition und Moderne, aus Gegenwart und Vergangenheit ein.

SCHÖN GLOBAL

Eine amerikanische Reisegruppe folgt artig ihrem Stadtführer, asiatische Brautpaare posen für den Fotografen, auf der Jagd nach dem romantischsten Hochzeitsfoto. Prag gehört zu den schönsten Städten der Welt, und das spricht sich schnell herum. Dabei fasziniert die Touristen aus Übersee an Prag genau das Gleiche wie die Euro-Weekender aus den nahen Nachbarländern: die märchen-

Ca. 8. Jh.
Die mythische Fürstin Libuše weissagt eine Stadt, „deren Ruhm bis an die Sterne reicht"

1348–78
Unter Kaiser Karl IV. ist Prag die größte Stadt Europas

1583–1612
Kaiser Rudolf II. zieht Künstler und Alchemisten nach Prag

1618
Prager Fenstersturz – Beginn des Dreißigjährigen Krieges

1918
Prag wird Hauptstadt der neuen Tschechoslowakei

1939–45
Prag unter NS-Herrschaft

hafte Stadtkulisse voller Kirchen und Paläste, die majestätische Karlsbrücke mit ihrer spektakulären Statuengalerie, die versteckten Gärten und stillen Gässchen. Doch Prag ist alles andere als ein betuliches Museum: Lass dich im Zentrum vom quirligen Leben mitreißen oder entdecke die junge Szene in den aufblühenden Vorstädten. Boutiquen, Bars und Bistros, aber auch brave Bürger im Bierdunst – Prag ist eine Stadt mit vielen Gesichtern. Und dabei immer noch erfreulich günstig.

EUROPÄISCHES ERBE

Heute ist Prag die Hauptstadt eines kleinen Landes mit gerade einmal 10 Mio. Einwohnern, eine Metropole aus der zweiten Reihe – doch das war nicht immer so. Zweimal wurde von hier aus halb Europa regiert. Unter Kaiser Karl IV. wuchs Prag im 14. Jh. zur damals größten Stadt des Kontinents heran, zu einem Machtzentrum, einem Mekka der Künste und zur Hauptstadt des Heiligen Römischen Reichs. Karlsbrücke, Universität oder die komplette (gar nicht so neue) Neustadt – vieles im Bild und im Leben der Stadt erinnert an diesen großen Herrscher. Den zweiten Boom erlebte Prag an der Wende vom 16. zum 17. Jh. unter dem sonderlichen, kunstversessenen Habsburger Rudolf II., der seinen Kaiserthron auf dem Prager Hradschin aufstellen ließ. Der Adel des Reichs tat es ihm nach – die Ansammlung prachtvoller Palais im Renaissance- und Barockstil rund um die Burg und auf der Kleinseite zeugen bis heute von dem Wettbewerb, dem Kaiser möglichst nahe zu sein. In den folgenden Jahrhunderten sank die Bedeutung Prags – für das Stadtbild war gerade das ein Segen. Was anderenorts durch Modernisierungen

1948–89 Prag unter kommunistischer Diktatur

1968 Das Tauwetter des „Prager Frühlings" wird am 21. August durch sowjetische Panzer beendet

1989 Studentendemonstrationen in Prag leiten am 17. November die „Samtene Revolution" ein

2020/21 Covid-Krise: Besucherrückgang zeitweise um mehr als 90 %

2022 Baubeginn der vierten Metrolinie, das bislang teuerste Bauprojekt Prags

zerstört wurde, blieb in Prag erhalten. Heute besitzt die Stadt eine der weitläufigsten Denkmalzonen Europas, fast das ganze Zentrum gehört zum Unesco-Weltkulturerbe. Der Hradschin gilt als die größte geschlossene Burganlage weltweit. Für die Prager ist das die Erinnerung an ihre europäische Tradition. Es bringt sie deshalb schnell auf die Palme, wenn jemand ihre Stadt in Osteuropa verortet. Sie selbst sehen sich im Herzen des Kontinents, in Mitteleuropa.
Typisch mitteleuropäisch sind auch die vielfältigen kulturellen Wurzeln Prags. Über Jahrhunderte lebten in der Stadt Tschechen, Deutsche und Juden neben- und miteinander. Das Zusammenleben war kompliziert und voller Spannungen, aber oft auch überaus fruchtbar. Es war gerade dieser Dreiklang der Kulturen, der Prag zu Beginn des 20. Jhs. zu einer der geistigen Schnittstellen Europas werden ließ. Die Namen zahlreicher Schriftsteller stehen beispielhaft für diese Epoche: Franz Kafka, Egon Erwin Kisch und Rainer Maria Rilke sind in Prag geboren und schöpften aus der Atmosphäre der Stadt, unter den Tschechen stehen ihnen etwa „Schwejk"-Erfinder Jaroslav Hašek und die hellsichtigen Brüder Karel und Josef Čapek oder der spätere Literaturnobelpreisträger Jaroslav Seifert zur Seite.

TSCHECHISCH & WELTOFFEN

Die Zerschlagung der Tschechoslowakei durch Hitlers Wehrmacht, der Zweite Weltkrieg, der Holocaust und im Anschluss die Vertreibung der Deutschen beendeten die einzigartige kulturelle Vielfalt Prags auf grausame Weise. Ihre Spuren sind heute nur noch zu erahnen, wenn man durch die Reste des alten jüdischen Viertels streift oder deutsche Straßennamen an Altstadtfassaden entdeckt. Heute sind die Tschechen in der 1,2-Mio.-Stadt weitgehend unter sich, allenfalls begleitet von den Slowaken, von denen viele nach der Teilung der Tschechoslowakei 1993 hier blieben oder der Arbeit wegen kamen. Sichtbarste nationale Minderheit sind die rund 10 000 Vietnamesen, die mit ihren kleinen Geschäften, Tante-Emma-Laden und Spätkiosk zugleich, die Stadt zusammenhalten. Das internationale und weltoffene Flair der Stadt ist vor allem den Touristen zu verdanken. Prag ist eine der meistbesuchten Städte Europas. Nach der tiefgreifenden Covid-Flaute der Jahre 2020/21 kehren die Touristen wieder nach Prag zurück – magisch angezogen von den romantischen Gassen und malerischen Winkeln. Romantik-Blockbuster haben in China und Korea Prag noch vor Paris zur Traumstadt der Liebe werden lassen.

VON FENSTERSTÜRZEN ZU KRIEGEN

Auf dem Hradschinplatz liegt einem Prag zu Füßen, das Panorama ist atemberaubend, und ungezählte Kirchturmspitzen machen klar, woher der Beiname des „hunderttürmigen Prag" kommt. Was in der Stadt fehlt, sind nur die Gläubigen. Die Tschechen sind stolz auf den Titel des atheistischsten Volks in Europa; gut drei Viertel haben mit Gott und der Kirche nichts am Hut. Womöglich eine Reaktion darauf, dass der Streit zwischen den Konfessionen über Jahrhunderte

Traditionelles Verkehrsmittel: Eine Prager Tram zischt am Tanzenden Haus vorbei

die Geschichte der Stadt bestimmt hat – mit Konsequenzen für den ganzen Kontinent. Eine handgreifliche lokale Spezialität waren dabei die Prager Fensterstürze. Beim ersten wurden 1419 mehrere katholische Ratsherren von aufgebrachten protestantischen Hussiten aus einem Fenster des Neustädter Rathauses befördert – Auftakt für die Hussitenkriege. Auch beim zweiten Prager Fenstersturz ging es um konfessionelle Spannungen. Wütende Protestanten warfen 1618 zwei katholische Adlige aus der Prager Burg. Zwar überlebten die den 16 m tiefen Sturz. Doch mit diesem begann der Dreißigjährige Krieg, ein Religionskrieg, der ganz Europa verwüstete. Die Katastrophen des 20. Jhs. kamen ohne Gott aus: Im März 1939 marschierten Hitlers Truppen in Prag ein – der Auftakt zu Weltkrieg und Völkermord. Und im August 1968 walzten Panzer des Warschauer Pakts den Prager Frühling nieder und beendeten den Traum von einem „Sozialismus mit menschlichem Antlitz", wie ihn die Tschechen und Slowaken unter Alexander Dubček erhofft hatten.

FRIEDVOLLE GEISTESGRÖSSEN

Doch auch positive Signale gingen von Prag aus, beispielsweise mit der Gründung der ersten Universität Mitteleuropas durch Karl IV. im Jahr 1348. Um 1600 galt der Hof von Rudolf II. mit den Astronomen Johannes Kepler und Tycho Brahe als eine Hochburg der Naturwissenschaften und ein Mekka der freien Künste. Aus einer Prager Adelsfamilie stammte Berta von Suttner, die Friedensaktivistin und erste Friedensnobelpreisträgerin. Und im November 1989 führten die unblutigen Massendemonstrationen der Samtenen Revolution zum Rücktritt der kommunistischen Regierung und machten den Weg frei für einen gesellschaftlichen Neuanfang unter der Führung von „Dichterpräsident" Václav Havel.

EINE STADT ERFINDET SICH NEU

Die Rückkehr Prags nach Europa ist geglückt. Mit einer Wirtschaftsleistung von mehr als 200 Prozent des EU-Durchschnitts ist die Stadt die drittreichste Region der Union. Die alten Industrievororte Karlín, Smíchov und Holešovice haben sich zu Bürostädten und Szenetreffs gemausert, die Region punktet mit ihrer großen industriellen Tradition, mit guter Ausbildung und pfiffigen Start-ups. Die Löhne in der Hauptstadt sind mit durchschnittlich 1950 Euro brutto im Monat zwar immer noch niedrig, doch dafür herrscht praktisch Vollbeschäftigung, und in puncto Lebenshaltungskosten ist Prag eine der günstigsten Metropolen Europas. Jenseits des Prager Speckgürtels sinkt der Lebensstandard jedoch rapide und die Probleme wachsen. In der Provinz sind die Prager daher nicht immer gut gelitten. Modernisierung und Neuerfindung der Stadt nach 1989 wurden in einem Tempo vollzogen, das manchem Bewohner den Atem raubt. Wo gestern noch ein kleines Lebensmittelgeschäft war, sitzt heute eine Sushibar, und aus dem traditionsreichen Kleinseitner Café wurde eine Starbucks-Filiale. Doch die Zeit, in der immer neue Zweigstellen der großen Fast-Food- und Modeketten der Ausdruck von Aufbruch und Aufschwung waren und junge Familien von einem Reihenhaus in den rasch wachsenden Satellitenstädten im Speckgürtel träumten, sind vorbei. Die Prager erobern ihre Stadt zurück – kreativ und mit Pfiff. In leer stehenden Industriearealen entstehen Ateliers, Kunstzentren und Coworking-Spaces, kleine Cafés und Bars sind die Kristallisationspunkte für neues urbanes Leben in den Vierteln. Jung-Cafetier Ondřej Kobza verteilt Straßenpianos in den Gassen; Märkte und Gastrofestivals etablieren sich, auf der Partymeile Náplavka tobt das Leben bis in die Nacht (s. S. 104) – die jungen Prager nehmen den öffentlichen Raum ihrer Stadt wieder in Besitz.

INSIDER-TIPP
Moldaukai mit Feierfaktor

VERFÜHRERIN MIT TAUSEND SCHLEIERN

Das junge Leben und die alte Stadt – Tradition und Moderne sind in Prag keine Gegensätze. In den Gassen und Winkeln zwischen den Palästen von Altstadt und Kleinseite haben sich Mystik und Magie der Stadt erhalten. Das Gewirr der versteckten Gässchen ist wie geschaffen dafür, den Reiseführer zuzuschlagen und sich in ziellosen Spaziergängen in der Atmosphäre Prags zu verlieren. Wenn im November Nebelschwaden über den Plätzen hängen, dann wirkt in Prag die Vergangenheit intensiver als die Gegenwart. Eine „Verführerin mit tausend Schleiern" hat der aus Tschechien stammende Filmregisseur Miloš Forman die Stadt Prag einmal genannt. Ihren unwiderstehlichen Reiz hat sie bis heute behalten.

AUF EINEN BLICK

1.275.000
Einwohner

München: 1.578.000

363

Einwohner auf
1 Kneipe
Berlin: 412

2786 km
Gesamtlänge aller Tram-, Bus- und Metrolinien

Wien: 1156 km

496 km²
Fläche

München: 310 km²

HÖHE DES PETŘÍN-EIFFELTÜRMCHENS ÜBER MEERESSPIEGEL:
378 M
Eiffeltum Paris:
355 m ü. M.

AUTOS AUF 1000 PRAGER
689

WIEN: 374

BRUTTOLOHN/MONAT (Durchschnitt in Euro)
1953

Berlin 3484 Euro

90.000 OFFIZIELL GEMELDETE HUNDE

Das sind pro Kopf fast dreimal mehr als in München

BLANKA

Prags Citytunnel (5502 m) ist der längste Stadttunnel Europas

DIE KULTURSTADT PRAG HAT 118 THEATER

550 TÜRME HAT DAS „HUNDERTTÜRMIGE PRAG" TATSÄCHLICH

PRAG VERSTEHEN

BIERSCHUTZVEREIN

Pivo, das tschechische Wort für Bier, heißt etymologisch schlicht „Getränk" – das sagt eigentlich alles über das Verhältnis der Tschechen zu ihrem flüssigen Nationalsymbol. Sie brauen nicht nur exzellente Biere, sondern sind mit einem Pro-Kopf-Verbrauch von 135 Litern im Jahr auch Weltmeister im Austrinken derselben. Stolz sind sie auf beides. Trotz aller Tradition ist die tschechische Bierszene in den letzten Jahren kräftig in Bewegung gekommen: Der Trend geht weg von den Industriebrauereien. In Prag ganz besonders, weil die beiden Prager Großmarken *Staropramen* und *Braník* nicht gerade zu den Glanzstücken des böhmischen Brauwesens gehören. Dafür gibt es mehr als 50 Kleinbrauereien in der Stadt, Tendenz steigend – von der 500 Jahre alten Schwarzbierinstitution *U Fleků* (s. S. 105) bis zur cool-modernen *Vinohradský pivovar (Korunní 106).* Bei solcher Vielfalt wundert es nicht, dass ein echter Prager Biertrinker an fachspezifischer Kennerschaft einem französischen Weinliebhaber in nichts nachsteht.

Man unterscheidet nicht nur Brauereien, Sorte und den Gehalt der Stammwürze, sondern auch die unterschiedliche Schankqualität der einzelnen Gasthäuser und sogar verschiedene Arten, das goldene Nass ins Glas zu kriegen. Nur echte Könner beherrschen die Königsdisziplin, das in einem einzigen Zug ohne Absetzen gezapfte *hladinka,* das angeblich perfekte Frische und volles Aroma garantiert. Immer öfter werden für Bierfeinschmecker die alten Zapfstile wiederbelebt, die früher in jeder Kneipe selbstverständlich waren. Es gibt hier wieder *šnyt* („Schnitt"), also ein kleines Abschiedsbier im großen Glas, und *mlíčko,* („Milch"), ein großes Glas voll feinem Bierschaum, das noch an der Theke auf ex getrunken wird und besonders süßlich-süffig schmecken soll.

GOTTLAND

Ein Kerzenmeer auf den Straßen, Zehntausende Trauergäste, gestandene Männer mit Tränen in den Augen – als Karel Gott (Jahrgang 1939, „Biene Maja") am 1. Oktober 2019 einem längeren Krebsleiden erlag, haben die Tschechen nicht irgendeinen Schlagerbarden verloren, sonden den „Meister", wie Gott hierzulande ehrfurchtsvoll genannt wurde. Unglaubliche fünf Jahrzehnte war er die größte Ikone des heimischen Showgeschäfts – und einer der ganz wenigen, deren Karriere nicht einmal der Eiserne Vorhang aufhalten konnte. Mehr als 100 Alben hat Gott produziert und dabei auch musikalische Grenzen getestet, etwa als er im Duett mit Böse-Rapper Bushido den Alphaville-Klassiker „Forever young" coverte.

In seiner Heimat ist Karel Gott ein nationales Wahrzeichen – und für viele auch eine schwejksche Beruhigung, dass man sich das Leben unter allen Regimen ertäglich machen kann. Für den polnischen Essayisten Mariusz

Musik kann eine Brücke sein – wie hier auf der Prager Karlsbrücke

Szczygieł ist Tschechien daher schlicht und einfach „Gottland". Und das wird sich auch so bald nicht ändern – schließlich hat statistisch gesehen jeder Tscheche mindestens ein Platte von Karel Gott im Regal stehen.

JAZZ

Was gehört zur Musikstadt Prag? Mozart, Dvořák und Jazz, na klar. Tatsächlich hat der Jazz hier eine lange Tradition. Daran konnten auch die Kommunisten nichts ändern, für die Jazz organisierter Lärm war. Die wirklichen Stars allerdings wanderten damals aus und machten in den USA Karriere – wie die Bassisten Miroslav Vitouš und George Mráz oder der Pianist und Komponist des Miami-Vice-Soundtracks Jan Hammer. Für die daheim gebliebenen Musiker wurde Jazz zu einer Frage der Zivilcourage. Nicht wenige landeten vor Gericht. Dennoch erlebte der legendäre Club *Reduta* (s. S. 103) in den 1960er- und 1970er-Jahren seine Blütezeit. Es wurde wie wild experimentiert und improvisiert. Heute müssen Jazzer in Prag nicht mehr mutig, sondern nur noch gut sein. Trotzdem gibt es immer noch Highlights: Wenn der Flötenvirtuose Jiří Stivín oder der Bigband-Leader und Pianist Milan Svoboda aufspielen, ist das ein echtes Erlebnis.

INSIDER-TIPP
Jazz legendär

RETRO-CHIC

Die Prager lieben ihre Straßenbahnen – und eine ganz besonders: die Linie 22. Mit ratternden und schlingernden Tatra-T3-Wagen im optimistischen Sixties-Design rumpelte sie jahrzehntelang quer durch die Seele der Stadt. Die Plastikschalensitze sind noch nach fünfzig Jahren so cool, dass sie manche Szenebar zieren. Kaum eine Sehenswürdigkeit, die die 22 nicht streift – Nationaltheater, Kleinseitner Ring,

Herr und Hund im Parukarka-Park: Prag ist eine hundefreundliche Stadt

Hradschin, Strahov-Kloster. Sie ist die Sonntagsausflugsbahn für die Prager, die legendäre „billigste Stadtrundfahrt" für Touristen und der Taschendieb-Express für zwielichtige Existenzen. Doch die Zeit bleibt nicht stehen, die alten T3er-Wagen wurden ausgemustert. Ein Abschied für immer? Unvorstellbar für die Prager, für die Touristen – und vielleicht auch für die Taschendiebe. Und so kommen die alten Wagen der Linie 22 nicht in den Straßenbahnhimmel, sondern rumpeln auf gleicher Strecke in der Retro-Linie 23 weiter. Diesmal ganz bestimmt für immer.

KUBISMUS

Tschechiens Hauptstadt ist ein einziges Architekturmuseum. Wer aber das spezifisch Pragerische sucht, der sollte sich die Kante geben: Prag ist die Welthauptstadt des Kubismus. Als derselbe in der bildenden Kunst rund um Picasso & Co seinen Zenit bereits überschritten hatte, begann nach Ende des Ersten Weltkriegs in der neu entstandenen Tschechoslowakei die Blüte des architektonischen Kubismus. Plastische Fassaden mit geraden Linien und prismenhaft gebrochenen Flächen verkörperten den optimistischen Start in eine neue Zeit. Unter den Architekten Josef Gočár (1880–1945) und Pavel Janák (1882–1956) wurde der Kubismus zum Nationalstil der jungen Republik.

Nirgendwo sonst auf der Welt ist die Kante so präsent wie in Prag. Es gibt kubistische Villen *(Rašínovo nábřeží 8)*, Vorgärten *(Vnislavova, Ecke Rašínovo nábřeží)* – letztlich nur zwei Rasendreiecke, aber schließlich zählt der Gedanke –, kubistische Brücken *(Manesův most)*, Brunnen *(Náměstí Jana Palacha, bei der Brücke)*, Mietshäuser *(Přemyslova 11)*, Friedhöfe *(Hřbitov Ďáblice (Ďáblická 2a)* und sogar den weltweit einzigen kubistischen Laternenpfahl *(Jungmannovo náměstí, beim Restaurant U Pinkasů)*. Kantiger Kultort: Gočárs Geschäftshaus *Haus zur Schwarzen Muttergottes* (s. S. 52) mit Kubismus-Café (s. S. 75) und Museum. Die groteske Steigerungsform des Kubismus ist der ziemlich extravagante Rondokubismus. Dessen Theorie hat später Bundestrainer Sepp Herberger in anderem Zusammenhang auf den Punkt gebracht: „Das Runde muss in das Eckige". Sehenswert: Gočárs *Legiobanka (Na Poříčí 26)* und der Palast *Adria (Jungmannovo náměstí 31)*.

NSIDER-TIPP
Kubismus kurios

HUNDE-HOVNOCUC

Klein, stolz und eigenwillig: Des Pragers Lieblingshund ist laut Statistik der Dackel. Aber egal ob groß oder klein, Mischling oder Rassehund, *retrívr* oder *rotvajlr* – Hunde sind in Tschechiens Hauptstadt fast überall willkommen. In vielen Kneipen servieren Kellner den Vierbeinern Wasser oder Leckerlis. Selbst an Infopunkten der Stadtpolizei steht oft ein Wassernapf bereit. Offiziell gemeldet sind rund 90 000 Hauptstadthunde, doch Experten schätzen, dass ihre Zahl weit über 100 000 liegt. Die Kehrseite der Hundeliebhaberei: Auf den Bürgersteigen lauert Gefahr – haufenweise. Täglich produziert die

KLISCHEE KISTE

TURBO-TAXIS

Vier Taxis fahren in Kolonne – und beim dritten kostet die Fahrt das Doppelte. Der miserable Ruf der Prager Taxifahrer ist über Jahrzehnte hart erarbeitet Doch allmählich sind die goldenen Zeiten der Droschken-Djangos vorbei – auch dank transparenter Smartphone-Apps wie Uber oder der heimischen Taxi-App Liftago. Doch wer am Altstädter Ring das erstbeste Taxi herbeiwinkt, kann auch heute noch erleben, wie der Turboknopf unterm Armaturenbrett dem Taxameter Beine macht.

DIE EWIGEN SCHWEJKS

"Melde gehorsamst, ich bin blöd, Herr Oberlajtnant!" Seit 100 Jahren arbeiten sich die Tschechen schon an ihrem „braven Soldaten Schwejk" ab – dem kleinen Mann, der der großen Geschichte stets den blanken Hintern zudreht, geschaffen vom genialen Kneipenbummler Jaroslav Hašek. Mit unermüdlichem Geschwätz zwingt Schwejk jede Autorität in die Knie. Ist er einfach dumm oder doch bauernschlau? Ein böses Zerrbild der Nation? Wie viel Schwejk steckt in den Tschechen? Die Frage spaltet bis heute die Nation. Mit etwas Glück kannst du in den Prager Schänken auch heute noch einem Schwejk begegnen.

Prager Hundeschar mehrere Tonnen an Kot. Eigentlich sind die Herrchen aufgerufen, die Exkremente in eigens dafür gedachten Abfalltüten zu entsorgen. Doch nur wenige tun dies. Die Stadtverwaltung schickt daher zusätzlich mobile Kotsauger durch die Straßen – im Prager Volksmund schlicht *hovnocuc* – „Haufenzutzler" – genannt.

UNIVERSALGENIE

Er hat die Geburtshilfe in den Hochalpen revolutioniert, das Marionettentheater in Paraguay begründet und der amerikanischen Regierung das Projekt zum Panamakanal samt gleichnamigem Opernlibretto vorgelegt: Jára Cimrman (sprich Zimmermann) ist ein böhmischer Tausendsassa. Einziger Haken: Cimrman hat nie gelebt, sondern ist ein Bühnenscherz des Oscar-Preisträgers Zdeněk Svěrák („Kolja") und seines Autorenkollegen Ladislav Smoljak. Ihr im Stadtteil Žižkov ansässiges *Jára-Cimrman-Theater* ist seit fünf Jahrzehnten auf den Spuren des vorgeblich vergessenen Genius. In bizarr-wissenschaftlichen Seminaren und Rekonstruktionen von Cimrmans angeblich wiederentdecktem dramatischem Werk pflegen sie einen sanft-ironischen und ziemlich grotesken Humor – und die Tschechen ziehen mit.

Die Vorstellungen sind auf Monate hinaus ausverkauft, die tschechische Post hat dem „Erfinder der runden Briefmarke" eine ebensolche gewidmet, und sogar Straßen tragen offiziell Cimrmans Namen. Bei einer TV-Show konnte schließlich nur die Disqualifikation verhindern, dass der fiktive Held unangefochten den Sieg als „größter Tscheche aller Zeiten" davontrug. Schöner kann man nicht die Luft aus nationalen Eitelkeiten lassen!

POSTHUMER POPSTAR

Franz Kafka (1883–1924) ist in Prag ein Popstar für Touristen – knallbunt prangt er auf Tassen und T-Shirts. Dabei war der Sohn eines jüdischen Kurzwarenhändlers eher menschenscheu. Tagsüber ging er einem monotonen Büroberuf bei der Prager Arbeiter- und Unfallversicherung nach. Doch in den Nächten schuf Franz Kafka eines der dichtesten Werke der deutschsprachigen Literatur.

Er ist Meister der Groteske („Die Verwandlung") und düsterer Visionär der Moderne: In den Romanen „Der Proceß" und „Das Schloß" ist der Einzelne undurchsichtigen höheren Instanzen und einer absurden Bürokratie ausweglos ausgeliefert. Die Kommunisten sahen ihren Machtapparat treffend porträtiert – bis 1989 blieb der Autor, der auf dem Neuen jüdischen Friedhof begraben liegt, in seiner Heimat verboten. Kafka starb 1924 nach langer Lungenkrankheit. Gegen seinen ausdrücklichen Wunsch verbrannte sein Freund Max Brod Kafkas Manuskripte nicht und schenkte damit der Welt ein großes Vermächtnis – und der Prager Tourismusindustrie einen unerschöpflichen Werbeträger.

In den Prager Gassen erinnern heute zwei merkwürdige Monumente an Kafka – eine eigenwillige, von der Erzählung „Beschreibung eines Kampfes" inspirierte Statue in der *Vězeňská* und ein spektakulärer überdimensio-

Vielschichtiger Literat: Der monumentale Kafka-Kopf von David Cerny ist 11 m hoch

naler Kafka-Kopf in 42 rotierenden Scheiben vom Prager Künstler David Černý *(hinter dem Kaufhaus Quadrio, Spálená 22)*. Die Prager „Kafka-Band" um Universaltalent Jaroslav Rudiš setzt Kafkas Texte deutsch-tschechisch kongenial in Musik um.

SIDER-TIPP
Kafka aufs Ohr

PRAGER FRÜHLING

Bei diesem Begriff denken heute die meisten Prager eher an das gleichnamige internationale Musikfestival als an die Reformbewegung der 1960er-Jahre. Aber ohne den Versuch der damaligen Parteiführung um Alexander Dubček, in der Tschechoslowakei einen „Sozialismus mit menschlichem Antlitz" zu schaffen, wäre die Geschichte des Ostblocks anders verlaufen. Dubček hatte offen mit dem Regime in Moskau gebrochen, als er innenpolitisch die Zensur aufhob und außenpolitisch zarte Bande mit dem Westen knüpfte. Nach mehreren Warnungen marschierten am 21. August 1968 Truppen der Warschauer-Pakt-Staaten in die Tschechoslowakei ein und beendeten den „Frühling" mit einer Eiszeit, die 21 Jahre dauern sollte. Offiziell wurde der Überfall als Versuch erklärt, einen Bürgerkrieg verhindern zu wollen, und der Westen scheute aus Angst vor einer internationalen Eskalation eine Intervention. Der 1992 verstorbene Alexander Dubček musste als Hilfskraft in der Slowakei arbeiten, viele tschechische Intellektuelle gingen ins westliche Exil.

SIGHT SEEING

Tanzende Häuser, goldene Gässchen und eine alte Neustadt – in der tschechischen Hauptstadt warten Attraktionen an allen Ecken. Schon Mozart war von der Vielfalt Prags beeindruckt. „Ich fahre jeden Tag den gleichen Weg nach Hause und sehe doch immer wieder etwas Neues", schwärmte er 1791. Diese Erkenntnis ist noch heute gültig: Besucher und Prager staunen gleichermaßen – vor allem im Zentrum.

Wo vor einem Jahr noch eine Bäckerei war, ist jetzt vielleicht eine Boutique, und ein Friseursalon hat sich in ein modernes Café ver-

Alle Adressen in diesem Kapitel findest du auf der Faltkarte

Abendstimmung pur auf der Karlsbrücke mit den Kleinseitner Brückentürmen

wandelt. Prag ist auch drei Jahrzehnte nach der demokratischen Wende in permanenter Bewegung. Nicht geändert hat sich aber die wunderschöne Anlage des historischen Stadtkerns links und rechts der Moldau.

Im Krieg blieb Prag von Bombenangriffen weitgehend verschont. So lässt sich die Schwärmerei eines anderen Prag-Reisenden – Thomas Mann – noch heute gut nachvollziehen: „Ich bin froh, wieder einmal hier zu sein, in dieser Stadt, deren architektonischer Zauber fast einzigartig unter allen Städten der Welt ist."

DIE STADTVIERTEL IM ÜBERBLICK

MARCO POLO HIGHLIGHTS

★ **HRADSCHIN**
Politisches und geistiges Zentrum des Landes ➤ S. 31

★ **GOLDENES GÄSSCHEN**
Elf winzige Häuser voller Mythen ➤ S. 35

★ **KAMPA**
Anmutige Halbinsel mit Venedigflair ➤ S. 41

★ **ALTER JÜDISCHER FRIEDHOF**
Das Denkmal einer untergegangenen Welt ➤ S. 49

★ **ALTNEUSYNAGOGE**
Hauste hier der Golem? Seine Reste sollen auf dem Dachboden ruhen ➤ S. 50

★ **WENZELSPLATZ**
Boulevard der Eiligen und Schlendernden ➤ S. 54

★ **ALTSTÄDTER RING**
Astronomische Uhr und kunstvoller Palaisreigen auf dem ältesten Platz der Stadt ➤ S. 46

★ **KARLSBRÜCKE**
Die barocke Statuenallee über die romantische Moldau ruht auf 16 Pfeilern ➤ S. 44

★ **VYŠEHRAD**
Bizarrer Felsen über der Moldau mit Kirche, berühmtem Friedhof und herrlicher Aussicht ➤ S. 60

★ **SAMMLUNG DER MODERNEN KUNST**
Atemberaubende Bandbreite an Meisterwerken ➤ S. 64

★ **PETŘÍN-GÄRTEN**
Auf Prags Hausberg im Blütenduft über den Dächern schweben ➤ S. 42

Sammlung der modernen Kunst
ALTSTADT & JOSEFSTADT/
STARÉ MĚSTO & JOSEFOV
S. 43
Junges Flair
in alten Gassen
Milady Horákové
Holešovice
Letenské sady
Vltava
Hlávkův most
Altneusynagoge
Alter jüdischer Friedhof
Josefov
Altstädter Ring
Karlsbrücke
Wilsonova
Praha hlavní nádraží
Kampa
Staré Město
Wenzelsplatz
Riegrovy
sady
Janáčkovo nábřeží
Vltava
Žitná
Ječná
Jiráskův most
Nové Město
Legerova
Sokolská
Vinohrady
NEUSTADT/NOVÉ MĚSTO
S. 54
Urbanes Leben
mit Geschichte
Vyšehrad
Nuselský most
Vyšehrad
500 m
547 yd
5. května

Millionen Touristen aus aller Welt hat die Prag-Faszination in den vergangenen Jahren ebenfalls gepackt.

Rucksackreisende und Pauschaltouristen, Schüler auf Klassenfahrt und Studienreisende – sie alle kommen rund ums Jahr nach Prag. Nach zweijähriger Covid-Stille ist auch die Karlsbrücke wieder voller Menschen. Wer das berühmte Bauwerk dennoch in Ruhe genießen möchte, sollte frühmorgens oder aber am späten Nachmittag kommen. Das Gleiche gilt auch für das zweite Wahrzeichen der Stadt, die Prager Burg. Außerdem lohnt es sich, vom ausgetretenen Pfad des Königswegs (vom Pulverturm bis hoch zur Burg) abzubiegen, um die Atmosphäre des umliegenden Gassengewirrs ohne Touristenrummel genießen zu können. Zahlreiche Parks und Gärten laden ein zu grünen Fluchten aus der Stadt. Die Obstwiesen am Petřín sind ideal für ein Picknick, bei dem einem die Stadt zu Füßen liegt. Und auf der Kleinseite warten versteckt hinter hohen Mauern grüne Kleinode wie der Wallenstein- oder der Vrtba-Garten auf ihre Entdeckung.

Wem der Gang durch das „Museum unter freiem Himmel" nicht reicht, dem stehen zahlreiche echte Museen offen – bis auf montags, dann bleiben die meisten Ausstellungen geschlossen. Die Eintrittspreise sind in vielen Häusern noch deutlich niedriger als in anderen Ländern. Dies ist nicht als Liebesbeweis an die Touristen zu verstehen, sondern als Rücksicht auf die kulturinteressierten, aber noch nicht auf Westniveau verdienenden Tschechen.

WOHIN ZUERST?

Am **Königsweg** führt kein Weg vorbei: Einst schritten die Könige am Tag ihrer Krönung vom Pulverturm *(🕮 G4)* über den Altstädter Ring und die Karlsbrücke hoch zur Burg *(🕮 D-E3)*. Heute drängen sich hier die Touristen – und die wichtigsten Sehenswürdigkeiten. Gutes Schuhwerk ist unerlässlich, denn auf der Strecke helfen einem weder die öffentlichen Verkehrsmittel noch der eigene Wagen. Den sollte man ohnehin lieber in der Hotelgarage lassen: Freie Parkplätze gibt es im Zentrum nämlich kaum.

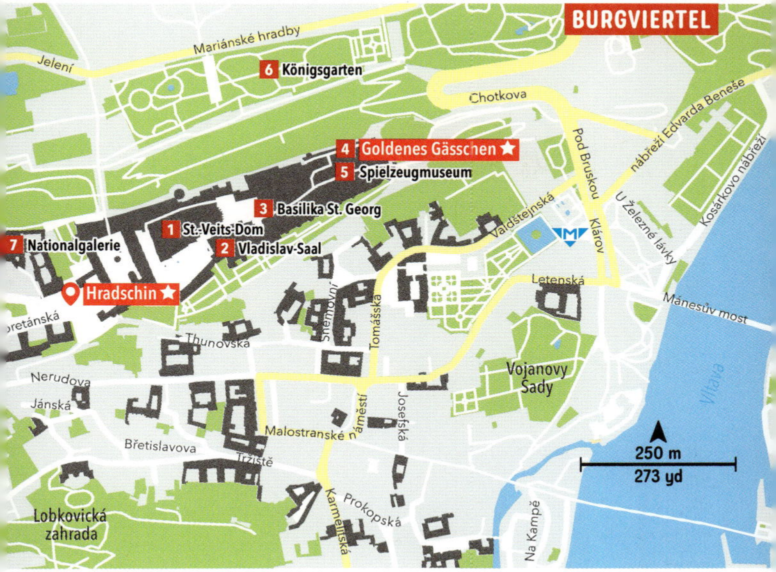

BURG-VIERTEL/ HRADČANY

Der ★ Hradschin gilt mit 7,28 ha als das größte geschlossene Burgareal der Welt und ist Symbol des tschechischen Staats.

Seit über tausend Jahren residieren hier die böhmischen Fürsten und Könige; seit 1918 gehört der gesamte Komplex zum Sitz des tschechischen Präsidenten. Mehr Ellenbogenfreiheit hat unter den europäischen Staatsoberhäuptern nur der Papst. Die gehisste Präsidentenstandarte über dem ersten Burghof zeigt an, dass der Hausherr gerade daheim ist.

Das heutige Erscheinungsbild geht im Wesentlichen auf Kaiserin Maria Theresia zurück, die in der zweiten Hälfte des 18. Jhs. eine grundlegende Renovierung veranlasste. Die ältesten baulichen Relikte stammen aber aus dem 9. Jh.; seitdem hat jeder Herrscher und jeder Stil hier seine Spuren hinterlassen.

Die erste Glanzzeit erlebte die Burg im 14. Jh., als Kaiser Karl IV. (1316–78) vom Hradschin aus das gesamte Heilige Römische Reich von der Nordsee bis an die Adria regierte. Er war es auch, der 1344 den Grundstein für den St.-Veits-Dom legen ließ. Ende des 16. Jhs. wählte der sonderliche Habsburger Rudolf II. den Hradschin zu seinem Sitz (1583–1612) und machte Prag abermals zum Mittelpunkt des Reichs und zu einem Zent-

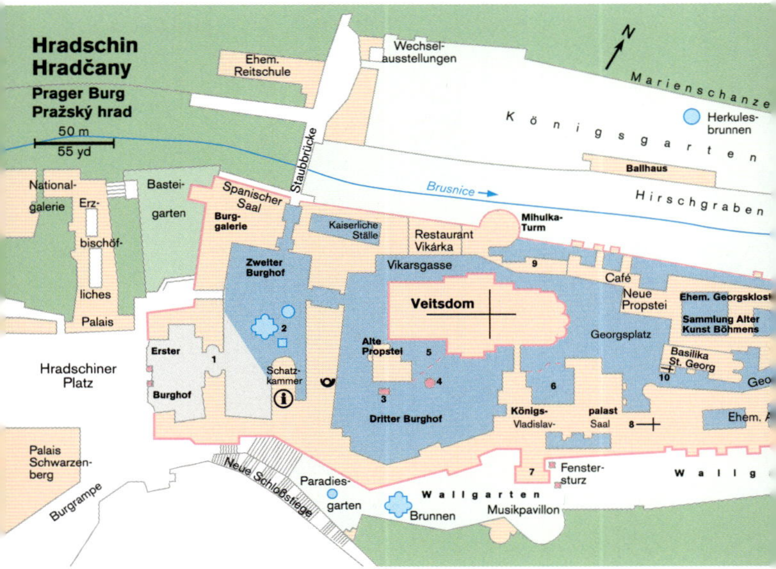

rum der Künste und Wissenschaften. Er legte gewaltige Sammlungen an und holte Johannes Kepler und Tycho Brahe nach Prag, aber auch ungezählte Scharlatane und Alchemisten.

Auch Präsident Václav Havel wollte nach der Wende eigene visuelle Akzente auf der Burg setzen. Teile des Interieurs sowie die mit Kupfer verzierten Eingangsportale zur Präsidentenkanzlei im zweiten Burghof ließ er seinen Freund, den Glaskünstler Bořek Šípek, neu gestalten. Auf Havels Wunsch entwarf Oscar-Preisträger Theodor Píštěk, Kostümbildner von Miloš Formans berühmtem „Amadeus"-Film, neue Uniformen für die Burgwache. Die Große Wachablösung täglich um 12 Uhr am Burgtor *(D3)* ist ein sehenswertes und gratis zugängliches Spektakel. Der aktuelle Präsident Miloš Zeman hat zur Bautätigkeit bislang nur mit Sicherheitssperren beigetragen, die an allen Eingängen für lange Wartezeiten sorgen. Tipp: Am Tor an der alten Schlossstiege ist der Andrang meist am geringsten.

INSIDER-TIPP
Königliches Spektakel

Wer das Burgareal besichtigt, sollte unbedingt auch einen Streifzug durch das umliegende Viertel machen. Hradčany, die Burgvorstadt, wurde 1320 gegründet. Karl IV. erweiterte das Viertel u. a. um das für seine wertvolle Bibliothek berühmte *Strahov-Kloster*. Zu den schönsten Prager Erlebnissen gehört schließlich ein Spaziergang durch die zeitentrückten Gässchen der *Neuen Welt (Nový Svět)*.
Burgareal tgl. 6–22 Uhr | Eintritt frei | Kathedrale April–Okt. Mo–Sa 9–17, So

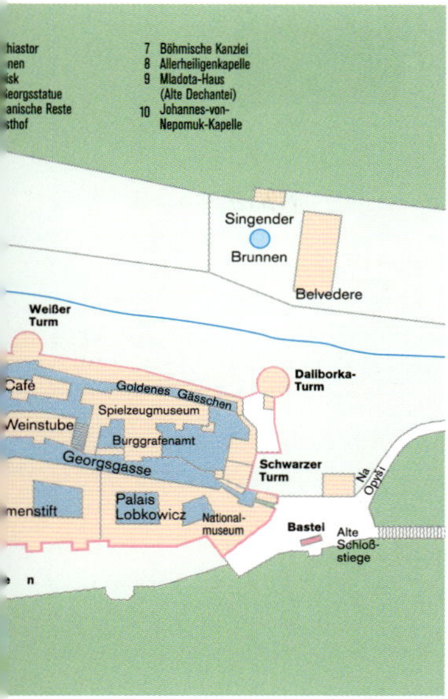

12–17, Nov.–März Mo–Sa 9–16, So 12–16 Uhr, Gebäude u. Goldenes Gässchen April–Okt. tgl. 9–17, Nov.–März 9–16 Uhr | Kathedralturm und Wechselausstellungen April– Okt. tgl. 10–18 Uhr, Nov.–März 10–17 Uhr (Ausstellungen bis 18 Uhr) | Burgticket 250, Familien 500 Kč (gilt an zwei aufeinanderfolgenden Tagen für je einen Eintritt in die einzelnen Objekte) | die Gärten sind im Winter geschlossen | Straßenbahn 22, 23 Pražský hrad

1 ST.-VEITS-DOM (KATEDRÁLA SV. VÍTA)

Der wichtigste und größte (124 x 60 m) Sakralbau des Landes gehört heute paradoxerweise nur teils der Kirche: Nach dem Zweiten Weltkrieg war der Dom von den Kommunisten verstaatlicht worden, erst 2010 einigten sich Staat und Kirche auf eine gemeinsame Verwaltung. Für die kirchenfernen Tschechen ist die Kathedrale sowieso vor allem ein Nationalsymbol. Schließlich liegt hier – inmitten zahlreicher Nachfolger – Kaiser Karl IV. begraben, den die Tschechen bis heute als ihren größten Herrscher verehren. In der höhlenartigen *Krypta* wirkt sein stromlinienförmiger Metallsarkophag aus dem Jahr 1935 wie eine geheimnisvolle Zeitkapsel.

Karl war es auch, der 1344 den Grundstein zum heutigen Dom legen ließ. Der Baumeister war zunächst Matthias von Arras, dann ab 1352 der erst 23-jährige Peter Parler aus Schwäbisch Gmünd. Parler stellte Südchor und Querschiff fertig. Danach ging es nur noch zäh weiter, die Stile wechselten schneller, als der Bau vorankam – gut zu sehen am 96 m hohen *Hauptturm:* Auf den gotischen Sockel folgen ein Renaissanceumgang und ein stilwidriger barocker Kupferhelm – eigentlich ein Provisorium, das aber seit 250 Jahren.

Erst im 19. Jh. kam wieder Leben in die Baustelle: Die 82 m hohen *Westtürme* wurden 1892 fertiggestellt, der gesamte Dom – 585 Jahre nach Baubeginn – pünktlich zur Tausendjahrfeier des Heiligen Wenzel 1929. In der noch aus dem 14. Jh. stammenden, edelsteinbesetzten *Wenzelskapelle* neben dem Südportal bewachen dessen Gebeine den kostbarsten Schatz – die *Krönungsinsignien.* Nur ganz selten werden sie ausgestellt. Sieben Schlösser, deren Schlüssel unter anderem der Staatspräsident, der Prager Erzbischof und der Oberbürgermeister hüten, si-

St.-Veits-Dom:
zu Gast bei Staat und Kirche

chern die Kronkammer. Prachtvoll ist das aus 1,7 t massivem Silber gefertigte *Hochgrab des hl. Nepomuk* – der Legende nach hat ihn König Wenzel IV. von der Karlsbrücke stürzen lassen, weil er das Beichtgeheimnis der Königin nicht verraten wollte.

Kongenial zur gotischen Atmosphäre passen die erstaunlich neuen Buntglasfenster – die 100 m² große, aus mindestens 27 000 Teilen zusammengesetzte *Rosette* „Die Erschaffung der Welt" stammt aus dem Jahr 1921. Bemerkenswert ist auch das Fenster „Kyrill und Method" in der dritten Kapelle:

INSIDER-TIPP
Gotik goes Jugendstil

Eine Bank hatte es beim Jugendstilkünstler Alfons Mucha in Auftrag gegeben. *Kathedrale April–Okt. Mo–Sa 9–17, So 12–17, Turm tgl. 10–18 Uhr, Kathedrale Nov.–März Mo–Sa 9–16, So 12–16, Turm tgl. 10–17 Uhr | Eintritt in den vorderen Bereich frei, hinterer Bereich und Krypta mit Burgticket ab 250, nur Turm 150, Kinder 125/80 Kč. Letzter Einlass ca. 30 Min. vor Schließung | 45 Min. | D3*

2 VLADISLAV-SAAL

Mit 62 m Länge, 16 m Breite und 13 m Höhe nimmt der Vladislav-Saal (auch „Huldigungssaal" genannt) den zweiten Stock des früheren *Königspalasts (Starý královský palác)* komplett ein. Unter dem spätgotischen Gewölbe wurden früher die böhmischen Könige gewählt, und jeder Staatspräsident seit 1918 ließ sich hier vereidigen. So sittsam ging es hier nicht immer zu. Im Mittelalter wurde der Saal als „Drive in" für Bankette und Turniere genutzt: Die Ritter kamen mit ihren Pferden die Reitertreppe mit den breiten und flachen Stufen herunter, die heute im Nordflügel den Ausgang bildet.

In dem Raum direkt neben dem Saal befindet sich übrigens das berühmteste Fenster der Burg: Durch dasselbe wurden 1618 zwei habsburgische Statthalter hinunter in den Graben gestoßen. Der Fenstersturz löste den Dreißigjährigen Krieg zwischen zunächst Protestanten und Katholiken aus, der sich dann zum europäischen Machtkampf ausweitete. *Alter Königspalast April–Okt. tgl. 9–17, Nov.–März 9–16 Uhr | Eintritt mit Burgticket 250 Kč | Straßenbahn 22, 23 Pražský hrad | E3*

3 BASILIKA ST. GEORG

Die rötliche Fassade der Basilika ist wenig einladend, aber im Innern entschädigen die spätbarocke *Doppeltreppe* und der romanische *Chorraum*. Der um 1150 nach einem Brand erneuerte Bau gilt als schönste romanische Kirche der Hauptstadt. Sie wurde 925 als Grabkirche der hl. Ludmila geweiht. Die ist nicht nur Großmutter des tschechischen Schutzpatrons, des hl. Wenzel, sondern auch selbst böhmische Landesheilige. Ihre letzte Ruhestätte befindet sich in der *Kapelle* südlich des Chors. Das benachbarte *Benediktinerkloster* wurde 973 gegründet. Es beherbergt heute die Dauerausstellung „Alte Kunst Böhmens". *April–Okt. tgl. 9–17, Nov.–März 9–16 Uhr | Eintritt mit Burgticket 250 Kč | Straßenbahn 22, 23 Pražský hrad | E3*

4 GOLDENES GÄSSCHEN (ZLATÁ ULIČKA) ★

Das Touristenamt hat in der schmalen Furt an manchen Tagen mehr Besucher gezählt als auf der Karlsbrücke. Um den Touristenstrom zu drosseln, wird zur Hauptöffnungszeit Eintritt kassiert. Wer nach 16 Uhr (Nov.–März) bzw. 17 Uhr (April–Okt.) kommt, kann Prags berühmtestes Gässchen bis zur Schließung des Burgareals (22 Uhr) nicht nur umsonst, sondern auch ohne Gedränge besichtigen. Das einzige Gold, das hier je hergestellt wurde, waren wohl die Erzählungen von Franz Kafka. Er lebte 1916 für einige Monate in der viel besuchten Nr. 22. Alchemisten dagegen wohnten nie in den kleinen Häuschen aus dem 16. Jh. – auch wenn die Legende erzählt, dass sie hier von Rudolf II. angesiedelt wurden, um künstliches Gold herzustellen. Tatsächlich waren hier Burgwächter und arme Handwerker einquartiert. *April–Okt. tgl. 9–17, Nov.–März 9–16 Uhr | Eintritt mit Burgticket 250 Kč | Straßenbahn 22, 23 Pražský hrad | E3*

INSIDER-TIPP
Ohne Gold ins Gässchen

5 SPIELZEUGMUSEUM (MUZEUM HRAČEK)

Nicht nur Könige und Präsidenten residieren auf der Prager Burg, sondern auch Plüschteddys, Barbies und Zinnsoldaten: Die weltgrößte private Spielzeugsammlung reicht von Spielen aus dem antiken Griechenland bis zur heutigen Zeit. *Tgl. 9.30–17.30 Uhr | 180 Kč, Kinder bis 17 Jahre 70 Kč | Jiřská 6 | toymuseumprague.com | Metro A Malostranská | 1 Std. | E3*

6 KÖNIGSGARTEN (KRÁLOVSKÁ ZAHRADA)

Der größte und meistbesuchte der Burggärten wurde 1534 ursprünglich im italienischen Stil angelegt. Aus dieser Zeit stammt das *Lustschloss Belvedere* am unteren Ende des Gartens – ein herrliches Beispiel italienischer Renaissancebaukunst. König Ferdinand I. ließ es für seine Frau Anna errichten. Nur wenige Jahre jünger ist der aus Glockenguss gefertigte *Singende Brunnen* vor dem Lustschloss – ganz nah an der unteren Schale hört man, wie das fallende Wasser sie zum Klingen bringt. Die gegenwärtige Gestalt der Parkanlagen im Stil des französischen Barock stammt aus dem 18. Jh.

Unweit vom Eingang steht die ehemalige *Präsidentenvilla*. Dauerhaft wohnte hier zuletzt der letzte sozialistische Präsident der ČSSR, Gustav Husák (im Amt 1975–89). Damit ihm niemand ins Wohnzimmer schauen konnte, wurden Burgfenster vermauert und der Turm des Veits-Doms gesperrt. Der Sozialismus hat seine Spuren auch am gegenüber liegenden *Ballhaus (Míčovna)* hinterlassen: Wer ein wenig sucht, findet in den vor der Wende renovierten Renaissance-Sgrafitti eine Allegorie auf den Fünfjahresplan. *April–Okt. tgl. 10–18 Uhr | Straßenbahn 22, 23 Pražský hrad | D–E3*

INSIDER-TIPP
Renaissance des Sozialismus

7 NATIONALGALERIE (NÁRODNÍ GALERIE)

Das barocke Sternberg-Palais (Šternberský palác), entstanden um das Jahr 1700, beherbergt eine Fülle von Werken alter deutscher, italienischer und flämischer Meister. Höhepunkt ist das „Rosenkranzfest", das Albrecht Dürer 1506 in Venedig malte. Der Künstler hat sich selbst auf dem Bild verewigt, das Kaiser Rudolf II. erwarb und zu Fuß über die Alpen nach Prag bringen ließ.

Daneben präsentiert die Galerie eine sorgsam ausgewählte Sammlung mit Werken von Lucas Cranach d.Ä., El Greco, Francisco Goya, Frans Hals, Rembrandt, Peter Paul Rubens und Tintoretto. Auch Liebhaber russischer Ikonen und italienischer Meister des 14. und 15. Jhs. kommen in der Nationalgalerie auf ihre Kosten. *Di–So 10–18 Uhr | 220 Kč | Hradčanské náměstí 15 | ngprague.cz | Straßenbahn 22, 23 Pražský hrad | 1,5 Std. | D3*

8 LORETO-HEILIGTUM (LORETA)

Das eigentliche, zwischen 1626 und 1631 entstandene Loreto-Heiligtum verbirgt sich im Innenhof des mächtigen Kirchenareals. Italienische Besucher staunen meist: Steht dieselbe Kapelle nicht in der Nähe der Stadt Ancona? Richtig: Der Prager Bau ist lediglich eine Nachbildung. Ursprünglich soll die „Casa Santa" aber die Wohnung der Jungfrau Maria in Nazareth gewesen sein. Legenden zufolge trugen Engel das Haus aus Palästina in den Lorbeerhain Loreto bei Ancona. Mit der anschaulichen Kopie sollte nach dem Dreißigjährigen Krieg in Prag neue Begeisterung für den Katholizismus geweckt werden. Kilian Ignaz Dientzenhofer schuf zu Beginn des 18. Jhs. den eindrucksvollen zweistöckigen *Kreuzgang* und den *Turm mit dem Glockenspiel,* das zu jeder vollen Stunde erklingt.

Im Innern der Casa ist besonders die aus Lindenholz geschnitzte *Madonna* sehenswert – und die kuriose „Statue der Heiligen Kümmernis": Die Legende erzählt, dass der Himmel einer portugiesischen Prinzessin einst einen buschigen Bart sprießen ließ, damit Männer keinen Gefallen an ihr finden sollten. Weitaus anziehender und das Glanzstück der Ausstellung ist jedenfalls die mit 6222 Diamanten besetzte, 90 cm hohe und 12 kg schwere Monstranz. *Tgl. 10–17 Uhr | 180, Kinder 90 Kč | Loretánské náměstí 7 | loreta.cz | Straßenbahn 22, 23 Pohořelec | ⏲ 45 Min. | 🕮 C–D3*

9 NEUE WELT (NOVÝ SVĚT)

Ganz in der Nähe des Loreto-Heiligtums befindet sich dieses pittoreske ehemalige Armenviertel. Die krummen Gassen bewahren bis heute die Atmosphäre des 18. Jhs. Früher wohnten hier Kleinbürger und nachrangige Burgbedienstete, später Künstler und Bohemiens. In der Nr. 1 lebte um 1600 der dänische Astronom Tycho Brahe, der am Hof von Kaiser Rudolf II. tätig war. Am Rand des Viertels befindet sich in der *Lumbe-Villa (U Brusnice)* heute der Privatsitz der tschechischen Präsidenten. *Straßenbahn 22, 23 Pohořelec | 🕮 C3*

10 STRAHOV-KLOSTER (STRAHOVSKÝ KLÁŠTER)

Was schrieb Franz Kafka einen Tag vor seinem Tod an seine Eltern? In der „Gedenkstätte des nationalen Schriftguts" ruht dieser Brief von 1924 nebst Tausenden anderen Dokumenten – der Nachlass tschechischer Autoren dient in erster Linie literarischen Studien. Wer gerade nicht zu Kafka forscht, kann die Räume des alten Prämonstratenserklosters inkl. *Gemäldegalerie* mit alten Meistern besichtigen – oder gleich auf den bedeutendsten Raum zielen: die *Bibliothek (Strahovská knihovna),* mit Barock-Bücherschränken voller Folianten, mit antiken Globen und atemberaubenden Deckenmalereien. Trotz vieler Kriegsschäden hat das 1140 gegründete und mehrfach umgebaute Strahov-Kloster nichts von seinem herben Charme verloren. Unweit des Areals

Die atemberaubende Strahov-Bibliothek: Hier möchte man gleich anfangen zu forschen

bieten sich wunderschöne Blicke über Prag. *Kloster, Galerie u. Bibliothek tgl. 9–12 u. 13–17 Uhr | Eintritt je 150, Kinder 80 Kč | Strahovské nádvoří 1 | strahovskyklaster.cz | Straßenbahn 22, 23 Pohořelec | 45 Min. |* C4

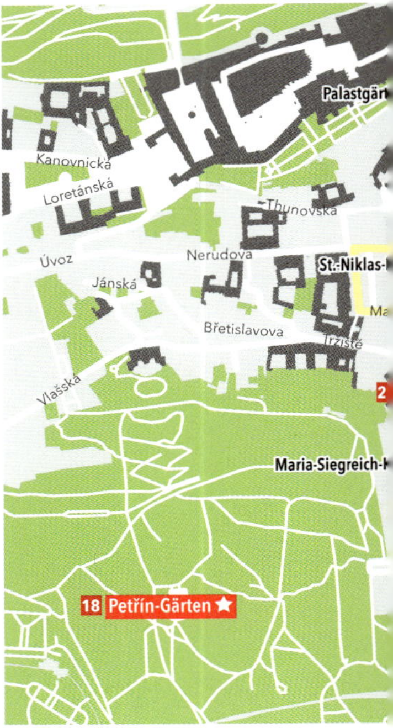

KLEINSEITE/ MALÁ STRANA

Sie ist wohl das romantischste Viertel Prags: die Kleinseite unterhalb des Hradschins mit ihren Gärten und Palästen. Oft erinnern nur die parkenden Autos daran, dass man sich im 21. Jh. befindet.

Die Ansiedlung unterhalb der Burg erhielt 1257 als „Kleinere Prager Stadt" die Stadtrechte. Ihre Blüte erlebte die Kleinseite im 16. Jh. unter der Regierung Kaiser Rudolfs II., der den Hradschin zu seinem Sitz gewählt hatte. Der Adel wollte seine Paläste in der Nähe des Kaisers haben – die wuchtigen Renaissance- und Barock-Palais prägen das Bild der Kleinseite bis heute. Mit ihnen entstanden auch die (oft versteckten) Parks und Gärten, kleine Fluchten aus dem Alltag, voller Kontraste und Kuriositäten.

Genervt vom Straßenlärm in der *Letenská*? Nur ein Schritt, schon bist du hinter den hohen Mauern des *Waldstein-Gartens* in einer Welt der Stille. Wie eine postmoderne Kletterwand wirkt im nahen *Vojan-Garten* die höchst merkwürdige barocke Grottenkapelle des hl. Elias. Auf der Halbinsel *Kampa* zwischen Moldau und dem schmalen Teufelsbach wird jeder Spaziergang zum Sonntagsausflug. Und auf dem *Petřín (Laurenziberg)* entdeckst du die schönsten Blicke über die Stadt (s. Tour 4).

Die Natur hat allerdings nicht nur segensreiche Seiten für das Viertel – zahlreiche Hochwassermarken an den Häusern erinnern daran. Als Prag im August 2002 das schlimmste Hochwasser seit 500 Jahren erlebte, war die Kleinseite am stärksten betroffen. Im Vergleich zu anderen Stadtteilen waren die Flutschäden hier aber auch am schnellsten wieder beseitigt – unter anderem des-

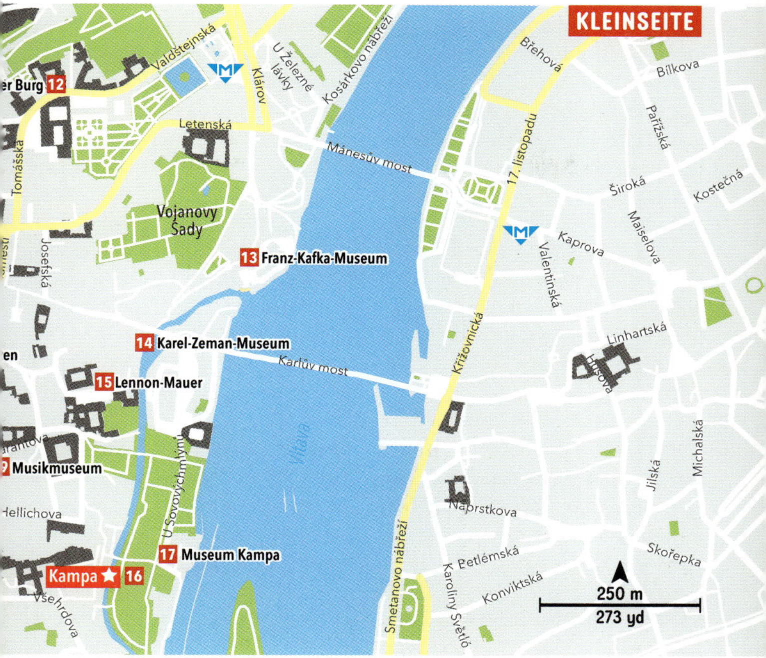

halb, weil schon die Baumeister des Mittelalters die Häuser so robust konzipiert hatten, dass sie den regelmäßigen Hochwasserattacken standhalten können.

In den historischen Häusern wohnen inzwischen kaum noch Einheimische. Ausländische Botschaften, Regierung und Parlament haben viele Gebäude in Beschlag genommen, es gibt luxuriös renovierte Büros und liebevoll eingerichtete kleinere Hotels. Dennoch: Spaziert man abends durch die nur schwach von Laternen beleuchteten Gassen der Kleinseite, dann wirkt die Vergangenheit manchmal lebendiger als die Gegenwart.

11 ST.-NIKLAS-KIRCHE (CHRÁM SV. MIKULÁŠE)

Atemberaubend: In der monumentalen Kuppel der St.-Niklas-Kirche (1703–56) fände der 60 m hohe Aussichtsturm des Petřín-Hügels locker Platz. Das Gotteshaus mit dem Prinzip der sich durchdringenden Ellipsen ist das Geniestück von Vater und Sohn Dientzenhofer und das Hauptwerk des böhmischen Barock überhaupt. Interessanter Budgettrick: Die farbenfrohe Marmorausstattung inklusive der prachtvollen Statuen besteht in Wirklichkeit nur aus poliertem Gips. Vor dem Rausgehen Kopf in den Nacken – „Die Verklärung des hl. Nikolaus" von Johann Lukas Kracker

(1760) gehört mit 1500 m² zu den größten Deckenfresken Europas. Vom fast 80 m hohen *Glockenturm* aus überwachten die Agenten des tschechoslowakischen Geheimdienstes zu kommunistischen Zeiten die Botschaftsgebäude westlicher Länder. Eine kleine Ausstellung zeigt Ferngläser und Fotoapparate der damaligen Spitzel. Viel schöner aber ist der sensationelle Ausblick, der den Aufstieg über die 303 Treppenstufen lohnt! *Kirche: Jan./Feb. Mo–Fr 9–16, Sa/So 9–17, März–Juni u. Okt.-Dez. tgl. 9–17, Juli–Sept. So–Do 9–18, Fr/Sa 9–17 Uhr, Eintritt: 100 Kč; Turm: tgl. 10–18, April, Mai, Sept. bis 19, Dez. bis 20, Juli / Aug. 9–21 Uhr, Eintritt: 150, Kinder 100 Kč | Malostranské náměstí | Metro A Malostranská | 1 Std. | E4*

12 PALASTGÄRTEN DER PRAGER BURG (PALÁCOVÉ ZAHRADY)

Wie aus einer Märchenwelt wirken die paradiesisch an den Burghügel geschmiegten Terrassengärten der Adelsgeschlechter Ledebour, Pálffy, Fürstenberg und Kolowrat mit ihren Brüstungen, Treppen und Brunnen. *Ledebour-* und *Pálffy-Garten* sind noch barock gegliedert. Der jüngste, wohl um 1784 von Ignác Palliardi angelegte *Kolowrat-Garten* zeigt ungewöhnliche Rokoko-Formen und gilt vielen als schönstes Areal der Kleinseite. Im zugehörigen Palais hatte in der Zwischenkriegszeit die tschechoslowakische Regierung ihren Sitz. *April/Okt. tgl. 10–18, Mai–Sept. 10–19 Uhr | 130 Kč | Valdštejnská 14 | Metro A Malostranská | 45 Min. | palacove-zahrady.cz | E3*

13 FRANZ-KAFKA-MUSEUM

Eintauchen in Kafkas Leben und Zeit, das verspricht die Mulitmedia-Ausstellung des privaten Museums am Kleinseitner Moldauufer. Auf vielen Ebenen wird das Verhältnis des Schriftstellers zu seiner Heimatstadt Prag in „sinfonischer Gesamtheit" aus Wort, Bild, Licht und Musik nachgezeichnet – anstelle von langatmigen Texten. Ein Angriff auf Kopf und Bauch zugleich. *Tgl. 10–18 Uhr | 240 Kč | Cihelná 2b | kafkamuseum.cz | Metro A Malostranská | 45 Min. | E–F4*

14 KAREL-ZEMAN-MUSEUM

Hier gingen Steven Spielberg und George Lucas in die Schule: Ein interaktiver Blick hinter die Kulissen des berühmten Fantasy-Regisseurs Karel Zeman – in eine Zeit, als Filmtricks noch mit Pappmaschee statt PC gemacht wurden. *Tgl. 10–19, Fr bis 20 Uhr | 250 Kč, Kinder/Studenten 160 Kč, Kinder bis 100 cm gratis, Familienticket 490 Kč | Saská 3 | Straßenbahn 12, 15, 20, 22, 23 Malostranské náměstí | 1 Std. | E4*

15 LENNON-MAUER (LENNONOVA ZEĎ)

Prags ältestes Social Media: Schon seit den Sixties diente die Umfriedung des Malteser-Gartens der Prager Jugend als Anschlagplatz für Geistesblitze und Liebesschwüre. Nach der Ermordung John Lennons 1980 wurde die Graffitimauer zu einem Underground-Kultort. Die Prager Love-&-Peace-Jünger, vom Regime ernsthaft als „Lennonisten" geschmäht, lieferten sich hier ein zähes Ringen mit

INSIDER-TIPP
Marxismus-Lennonismus

der Staatsmacht, der es nicht gelang, die unliebsamen Parolen überzustreichen. *Velkopřevorské náměstí | Straßenbahn 12, 15, 20, 22, 23 Hellichova | E4*

16 KAMPA ★

Ein bisschen Stadt, ein bisschen Park – die malerische Kampa-Halbinsel lässt sich auch von den Touristen nicht aus der Ruhe bringen. Ideal für Spaziergänge und die einzige Möglichkeit, die Karlsbrücke trockenen Fußes von unten zu sehen. Von der Kleinseite trennt die Kampa fast über die ganze Länge ein künstlicher Moldauarm, der Teufelsbach *Čertovka*. Er diente den lokalen Mühlen jahrhundertelang als Antrieb. Auch der für Brücken zuständige hl. Nepomuk kann nicht verhindern, dass vor dem idyllischen *Prager Venedig (Pražské Benátky)*, einer alten Häuserzeile am Nordende des Bachs, Trauben von Liebesschlössern an den Geländern wachsen. *Metro A Malostranská | E4*

17 MUSEUM KAMPA (MUZEUM KAMPA)

Das Museum der 2022 im Alter von 102 Jahren verstorbenen Exil-Tschechin Meda Mládková ist in einer renovierten Mühle *(Sovovy mlýný)* aus dem 14. Jh. direkt an der Moldau untergebracht. Es beherbergt eine einzigartige Sammlung moderner Kunst aus Mitteleuropa, zum Beispiel von Otto Gutfreund und František Kupka, sowie Werke aus der kommunistischen Ära. Mit Restaurant und sehenswerter gläserner Aussichtsplattform. *Tgl. 10–18 Uhr | 190 Kč | Halbinsel Kampa | museumkampa.cz | Straßenbahn 9, 12, 15, 20, 22, 23 Újezd | 1 Std. | E4*

Die Hoffnung stirbt zuletzt: Die Schlösser an der Čertovka-Brücke stehen für ewige Liebe

Schöne Aussichten: Barocke Skulpturen von Matthias B. Braun zieren den Vrtba-Garten

18 PETŘÍN-GÄRTEN ★

Der Petřín-Hügel mit seinen Obstwiesen und seiner weiten Aussicht gehört zu den Lieblingsorten der Prager. Von der Tramstation Hellichova führt eine *Standseilbahn* nach oben zum *Aussichtsturm (Petřínská rozhledna)* von 1891, für den sichtbar der Eiffeltum Modell stand. Gleich nebenan kann man im historischen *Spiegellabyrinth (Bludiště)* die Sonntagsfreuden der Urgroßeltern nacherleben. *Jan.–März tgl. 10–18, April/Mai 9–20, Juli–Sept. 9–21, Okt.–Dez. 10–20 Uhr | Spiegelkabinett: Okt–März tgl. 10–18, April/Mai 9–19, Juni–Aug. 9–20, Okt.-Dez. 10–20 Uhr | Eintritt Turm/Spiegelkabinett 150/100 Kč, Kinder und Studenten 100/80, Familien-Kombiticket 480 Kč, bis 5 Jahre gratis | Straßenbahn 12, 15, 20, 22, 23 Hellichova |* *D–E4*

19 MUSIKMUSEUM (ČESKÉ MUZEUM HUDBY)

In dem atemberaubenden Barockpalais aus dem 17. Jh. werden Instrumente und Musikdokumente aus mehr als fünf Jahrhunderten präsentiert. Höhepunkt ist ein Stück Mozart-Orginalpartitur, kurios sind die sozialistischen Gitarrennachbauten. Wer wissen will, auf wie viele Arten man (k)ein Klavier bauen kann, findet die Antwort in der Sammlung historischer Tasteninstrumente. *Mi–Mo 10–18 Uhr | 120 Kč | Karmelitská 2 | Straßenbahn 12, 15, 20, 22, 23 Hellichova | 1½ Std. | E4*

20 MARIA-SIEGREICH-KIRCHE (KOSTEL PANNY MARIE VÍTĚZNÉ)

Das 1611 errichtete Gotteshaus war der erste Barockbau seiner Art in Prag. Ursprünglich entstanden für deutsche Lutheraner, fiel die Kirche im Zuge der Gegenreformation an den katholischen

Karmeliterorden. Pilger aus der ganzen Welt beten vor der Wachsfigur des Prager Jesuleins. Die spanische Renaissancearbeit aus dem 16. Jh. wird traditionell in prächtige Gewänder gekleidet. Die schönsten sind in einer Ausstellung im hinteren Teil der Kirche zu sehen – u. a. eine diamantenbesetzte Robe, die Kaiserin Maria Theresia eigenhändig bestickt haben soll. *Mo–Sa 8.30–18, So 8.30–19 Uhr | Eintritt frei | Karmelitská 9 | Straßenbahn 12, 15, 20, 22, 23 Hellichova | 30 Min. | E4*

21 VRTBA-GARTEN (VRTBOVSKÁ ZAHRADA)

Die kleine und sehr versteckte barocke Terassenanlage aus dem Jahr 1720 gilt als schönster Garten Prags. Der Dachausguck des *Theatrons* bietet eine bezaubernde Perspektive auf die Stadt. *April–Okt. tgl. 10–19 Uhr | 120 Kč | Karmelitská 25 | Straßenbahn 12, 15, 20, 22, 23 Hellichova | 45 Min. | E4*

INSIDER-TIPP
Über die Dächer von Prag

ALTSTADT & JOSEFSTADT/ STARÉ MĚSTO & JOSEFOV

Die Altstadt gehörte schon immer zu den vitalsten Vierteln Prags. Im 10. Jh. ließen sich hier die ersten Handwerker und Kaufleute nieder. Seitdem ist Wandel hier die Normalität.

Lebensader der Altstadt ist der Königsweg vom Pulverturm zur Karlsbrücke. Wie ein Korken tanzt man hier in einem Touristenstrom aus aller Herren Länder – wer sich mitreißen lässt, kann den Weg nicht verfehlen. Doch es gibt auch ruhigere Gässchen. In den romantischen Winkeln um Agneskloster und *Haštalské náměstí* bekommt man heute noch einen guten Eindruck von der Atmosphäre vergangener Zeiten.

Rund um den Altstädter Ring wird erlebbar, dass Geschichte wirklich aus Schichten besteht: Das *Haus zur Steinernen Glocke*, ein einzigartig erhaltener gotischer Stadtpalast, wurde in den 1980er-Jahren hinter einer unscheinbaren barocken Fassade wiederentdeckt. Und weil die Altstadt wieder und wieder von Überschwemmungen heimgesucht wurde, schüttete man die Straßen einfach immer weiter auf. Die heutigen Barockhäuser stehen daher oft auf uralten romanischen Kellern, die einst als Erdgeschoss gedient haben. Im Jazzclub *Agharta* (s. S. 102) oder den zahlreichen Kellerrestaurants in der *Husova* und der *Celetná* ist das bis heute gut zu sehen.

Große Veränderungen erlebte auch das ehemalige *Jüdische Viertel* nördlich des Altstädter Rings. Im 13. Jh. wurden die Prager Juden gezwungen, in das genau abgegrenzte Ghetto zu ziehen. Die Einwohnerzahl wuchs schnell, allerdings kam es auch immer wieder zu Pogromen. Bei dem schlimmsten starben Ostern 1389 mehr als 3000 Juden. Eine Blüte erreichte das Prager jüdische Leben unter Kaiser Rudolf II. im 16. Jh. – Mordechaj Maisel ernannte der Kaiser gar zu seinem Finanzminister. Nicht ohne Hintergedanken: Der jüdische Bankier lieh dem kunstverrückten Herrscher große Summen für seine Sammlungen.

Erst 1848 erhielten die Juden Bürgerrechte und durften außerhalb des Ghettos wohnen. Das war das Todesurteil für das Viertel – wohlhabende Familien zogen weg, das ehemalige Ghetto wurde zu einem Ort der Armut und des Verbrechens. Gegen Ende des 19. Jhs. entschied sich die Verwaltung daher für eine radikale Sanierung und den Bau einer modernen Stadt nach Pariser Vorbild. Prunkstück der neuen *Josefstadt* wurde die prächtige *Pařížská (Pariser Straße)* mit ihren Jugendstilhäusern. Vom alten Judenviertel überstanden diese „Sanierung" nur wenige Bauten – der Alte Friedhof, das Rathaus und sechs Synagogen. Im Zweiten Weltkrieg fielen die meisten Prager Juden der deutschen Mordmaschinerie zum Opfer. Die Bauwerke blieben verschont – die Nationalsozialisten wollten hier zynisch ein „Museum der ausgestorbenen Rasse" errichten.

Heute gehört das *Jüdische Museum (Židovské muzeum) (April–Okt. So–Fr 9–18, Nov.–März 10–16.30 Uhr | an jüdischen Feiertagen geschl. | Tickets u. Infozentrum: Maiselova 15 | Kombiticket 500 Kč, alle Synagogen u. Alter Friedhof | jewishmuseum.cz)* der jüdischen Gemeinde. Die Ausstellungen verteilen sich auf verschiedene historische Gebäude in der Josefstadt, darunter die wichtigsten Synagogen (s. dort).

Jüdisches Leben in Prag dokumentiert die Klausen-Synagoge

22 KARLSBRÜCKE (KARLŮV MOST) ★ ⚑

Auf der 10 m breiten und 520 m langen Brücke buhlen heute polnische Karikaturisten, tschechische Puppenspieler und amerikanische Gitarristen um die Aufmerksamkeit der Passanten. 400 Jahre lang war die auf 16

Pfeilern ruhende gotische Karlsbrücke die einzige Verbindung zwischen Altstadt und Kleinseite. Kaiser Karl IV. ließ sie 1357 unter der Aufsicht von Peter Parler bauen – mit blanker Brüstung: Erst zwischen 1657 und 1714 kamen die meisten der heute kaum wegzudenkenden *Statuen* hinzu. Eine der ältesten und bekanntesten ist die des *hl. Nepomuk* von 1683, von der Altstadtseite die achte Figur rechts. Nepomuk ist auf der Karlsbrücke quasi zu Hause – 1393 wurde der Priester hier von den Schergen Wenzels IV. in den Fluss gestürzt, weil er das Beichtgeheimnis der Königin nicht brechen wollte. Ein Kreuz zwischen dem sechsten und siebten Pfeiler markiert bis heute die Stelle seines Märtyrertodes. Als Brückenheiliger wurde Nepomuk zu einem der populärsten Schutzpatrone zwischen Schlesien und Bayern. Das Handauflegen am Relief im Brückenpfeiler soll Glück bringen – die blank geriebene Stelle macht klar, wie viele Besucher das glauben. Die erste Figurengruppe der Karlsbrücke war 1657 übrigens die *Kreuzigungsszene* (dritte Statue rechts), die bisher letzte das Heiligenduo *Kyrill und Method* (1938, fünfte Statue rechts).

Bei Renovierungsarbeiten bestätigte sich 2010 eine uralte Legende: Dem Mörtel wurden einst Eier beigemischt. Verlacht werden heute noch die Bürger des Städtchens Velvary, die ihr Deputat sicherheitshalber hartgekocht abgeliefert haben sollen.

Kleinseitner Brückenturm: Öffnungszeiten wie Altstädter Brückenturm (s. S. 46) | 150 Kč | Metro A Malostranská | *E–F4*

Touristischer Anziehungspunkt: Altstädter Ring mit Rathaus und Teynkirche (rechts)

23 ALTSTÄDTER BRÜCKENTURM (STAROMĚSTSKÁ MOSTECKÁ VĚŽ)

Wo heute Touristen aus aller Welt flanieren, hielt 1648 eine Armee vornehmlich aus Studenten und Juden die Schweden auf und gab dem Dreißigjährigen Krieg eine entscheidende Wende. Beim Gefecht wurde der Zierrat an der Brückenseite des Turms zerstört. Trotzdem gilt die um 1391 nach Plänen von Peter Parler gebaute Torburg als Europas prachtvollster Brückenturm des Mittelalters. Die Wappen über dem Tor sollen die zehn Länder symbolisieren, die Karl IV. zum böhmischen Königreich vereinigte. Der „Eisvogel im Liebesknoten" war das Zeichen König Wenzels IV., unter dessen Herrschaft die Arbeiten am Turm vollendet wurden. *Jan.–März u. Okt./Nov. tgl. 10–18, April/Mai u. Sept. 10–19, Juli/Aug. 9–21, Dez. 10–20 Uhr | 150 Kč | Metro A Staroměstská | 30 Min. | F4*

24 ALTSTÄDTER RING (STAROMĚSTSKÉ NÁMĚSTÍ) ★

Prags ältester Platz ist seit dem 12. Jh. der Dreh- und Angelpunkt der Stadt. Mit seinem Rahmen aus prachtvollen Palais von Gotik bis Jugendstil ist er der ideale Ort zum Schauen, Genießen und Flanieren, Treffpunkt von Touristen und Tagedieben. Tafeln erinnern an Berühmtheiten, die hier

wohnten oder verkehrten – u. a. Franz Kafka, Albert Einstein und Bedřich Smetana. Heute finden auf dem Ring nur noch Weihnachts- und Ostermärkte statt, früher war er der zentrale Handelsplatz der Stadt. Auswärtige Kaufleute mussten zuvor hinter der Teynkirche einen Zoll bezahlen, das Ungelt – und so heißt der versteckte Teynhof auch heute noch.

Schauplatz eines dramatischen Ereignisses war der Altstädter Ring im Jahr 1621. Nachdem die böhmischen Stände die Schlacht am Weißen Berg verloren hatten, ließen die siegreichen katholischen Habsburger hier 27 protestantische Adelige und Standesherren hinrichten. Vor dem Rathausturm ins Pflaster eingelassene Kreuze erinnern an die Getöteten. Eine späte Antwort darauf und ein nationale Absage an den Katholizismus ist in der Platzmitte die monumentale *Statue* des Reformators *Jan Hus* von Ladislav Šaloun (1915).

INSIDER-TIPP
Für ein Trinkgeld durch Prag

Meist auf dem Altstädter Ring starten auch Gratisstadtführungen verschiedener Anbieter *(z.B. freewalkingtourprague.eu, guruwalk.com).* Die Führer sind oft Expats oder Studenten. Finanziert werden die Touren allein über Trinkgelder. *Metro A Staroměstská* | *G4*

25 ALTSTÄDTER RATHAUS (STAROMĚSTSKÁ RADNICE)

Willkommen bei der „meistfotografierten Männergruppe seit den Beatles". So jedenfalls nannte eine Prager Zeitung einmal die zwölf *Apostelfiguren,* die jede volle Stunde aus zwei unscheinbaren Luken des Rathausturms schauen. In Spitzenzeiten drängen sich Hunderte Touristen vor der Südseite des Turms, um das kurze Defilee zu erleben. Der Hahn als Symbol der Wachsamkeit beendet es mit melancholischem Krähen.

Gleich darunter glänzt der *orloj,* die filigrane, zweiteilige *Astronomische Uhr.* Seit 1410 zeigen ihre Kalenderscheiben den Pragern, ob die Sterne günstig stehen. Umrahmt ist die Uhr von den „vier größten Gefahren der Menschheit", wie man sie einst sah: Der Tod droht mit der Sanduhr, die Eitelkeit kokettiert mit ihrem Spiegelbild, ein Türke droht mit weiteren Krie-

gen, und ein Geizhals schüttelt einen prallen Beutel.
König Johann von Luxemburg hatte der Prager Bürgerschaft 1338 den Bau eines Rathauses gestattet – es ist das älteste in ganz Böhmen. Bis heute ist zu sehen, dass für den Bau mehrere bestehende Kaufmannshäuser zusammengefasst wurden. Der 70 m hohe *Turm* verkündet seit 1364 die weltliche Macht – der Aufstieg ist ein Erlebnis. Betrachtet man den Turm vom Platz aus, sieht man Fassadenreste und geborstene Fensterrahmen – die als Mahnmal erhaltenen Reste des einstigen Nordflügels, der in den letzten Kriegstagen durch die abziehende deutsche Wehrmacht zerstört worden ist. Die Säle des Rathauses werden heute für Ausstellungen und zu Repräsentationszwecken genutzt, außerdem wird hier am laufenden Band geheiratet. *Jan.–März Mo 11–19, Di–So 10–19, April–Dez. Mo 11–19, Di–So 9–19 Uhr, Turm: Jan.–März Mo 11–20, Di–So 10–20, April–Dez. Mo 11–21, Di–So 9–21 Uhr | Turmbesteigung nur mit Gesamtticket (got. Keller, Säle, Kapelle) 250 Kč, Kinder 150 Kč | Touristeninformationszentrum | Staroměstské náměstí 1 | Metro A Staroměstská | 1 Std. | G4*

26 TEYNKIRCHE (MATKA BOŽÍ PŘED TÝNEM)

Das Prachtstück böhmischer Gotik (1365–1511) mit seinen 80 m hohen Türmen beherrscht den Altstädter Ring. Der kräftigere rechte Turm (genannt „Adam") spendet dem schlankeren („Eva") im Sommer Schatten und senkt so die Innentemperatur – das war wichtig in Zeiten, in denen „Eva" als Lager für leicht Verderbliches diente. Die *Marienstatue* kam erst im 17. Jh. an die Fassade, zuvor prangte hier ein riesiger Kelch – das Zeichen der Hussiten, die das Abendmahl mit Brot und Wein zelebrierten. Nach ihrer Niederlage 1620 wurde der Kelch eingeschmolzen und zum Formen der Madonna benutzt. Erst 2018 kehrte ein kleines Kelchsymbol in eine Giebelnische zurück – als ökumenische Wiedergutmachung.
Im kargen Innern der Kirche befindet sich nahe dem Hauptaltar die *Grabplatte* von Tycho Brahe (1546–1601). Der dänische Astronom von Kaiser Rudolf II. trug zu Lebzeiten eine Nase aus Gold und Silber, da er seine eigene bei einem Duell verloren hatte. 2010 wurde Brahe in der Teynkirche zum dritten Mal begraben. Zuvor hatten Forscher seine sterblichen Überreste nach 1901 noch einmal untersucht, um die Todesursache herauszufinden. Wurde er ermordet? Starb er an einer Vergiftung oder an einer Krankheit? Brahes Tod ist auch trotz der neuerlichen Haarprobe ungeklärt. *Besichtigung März–Dez. Di–Fr 11–13 u. 15–17, So 10.30–12 Uhr, Jan./Feb. s. Website tyn.cz | Týnská | Metro A Staroměstská | 30 Min. | G4*

27 MAISEL-SYNAGOGE (MAISELOVA SYNAGOGA)

Die einst größte Prager Synagoge ließ Mordechaj Maisel Ende des 16. Jhs. bauen. Nach einem Brand 1689 wurde sie verkleinert und zu Beginn des 19. Jhs. neugotisch umgebaut. In ihr

Astronomische Uhr am Alten Rathaus: Schöner kann man die Zeit nicht verstreichen sehen

ist der Silberschatz aus vielen böhmischen Synagogen untergebracht. *Maiselova 10 | Öffnung/Eintritt: Jüdisches Museum (s. S. 44) | Metro A Staroměstská |* *F3*

28 PINKAS-SYNAGOGE (PINKASOVA SYNAGOGA)

Die künstlerisch wertvollste Synagoge Prags wurde um 1530 von Aaron Meshullam Horowitz erbaut. Der spätgotische Bau wurde im 17. Jh. um den Vorraum und die Frauengalerie erweitert.

An den Wänden der Synagoge stehen die Namen der zwischen 1939 und 1945 ermordeten 77 297 Juden aus Böhmen und Mähren – ein erschütterndes Dokument. Eine Ausstellung zeigt Tagebücher, Briefe, Gedichte und Zeichnungen aus dem KZ Theresienstadt. *Široká 3 | Öffnung/Eintritt: Jüdisches Museum (s. S. 44) | Metro A Staroměstská |* *F3*

29 ALTER JÜDISCHER FRIEDHOF (STARÝ ŽIDOVSKÝ HŘBITOV) ★

Was wie kunstvoll arrangiert aussieht, entstand aus purer Platznot: Weil auf einem jüdischen Friedhof Gräber nicht nach einer bestimmten Zeit „aufgehoben" werden dürfen, musste hier jahrhundertelang neue Erde aufgeschüttet werden. Als Ergebnis liegen die Toten hier in bis zu neun Schichten übereinander, und die kunstvollen Grabsteine stehen dicht an dicht. Das bekannteste Grab des Friedhofs gehört dem 1609 gestorbenen Schöpfer des legendären Golems, Jehuda Liwa ben Bezalel, genannt Rabbi Löw. Das letzte Begräbnis fand hier nachweislich im Mai 1787 statt, aber wann das erste der schätzungsweise 200 000 Gräber ausgehoben wurde, weiß niemand so genau. Der älteste der 12 000 Steine stammt jedenfalls aus dem Jahr 1439. Wer das Grab von Franz Kafka sucht, wird es nicht finden – der ruht auf dem Neuen jüdischen Friedhof (s. S. 63). *Široká 3 | Öffnung u. Eintritt: Jüdisches Museum (s. S. 44) | Metro A Staroměstská | 1 Std. | F3*

30 KUNSTGEWERBEMUSEUM (UMĚLECKOPRŮMYSLOVÉ MUZEUM)

Das 1885 gegründete Haus sollte ursprünglich den aufstrebenden Industrien Anleitung und Vorbild geben. Heute verfügt es über eine Viertelmillion Exponate u. a. in den Bereichen Porzellan, Grafik, Foto, Möbel und Schmuck. Prunkstück ist die mit 16 000 Exponaten größte Glassammlung der Welt. *Mi–So 10–18, Di 10–20 Uhr | 250 Kč, Kinder bis 15 Jahre gratis | Ulice 17. listopadu 2 | Metro A Staroměstská | 1½ Std. | F3*

31 RUDOLFINUM

Im Rudolfinum (1876–84) wird dem nach Smetana zweiten tschechischen Musikgenie gehuldigt. Der *Dvořák-Konzertsaal* des vom Meister persönlich eröffneten Hauses ist heute Prags erste Adresse in Sachen Klassik – hier bestreitet die Tschechische Philharmonie ihre Heimspiele. Kurzzeitig (1919–39) beherbergte der Neorenaissancebau auch das Parlament. Die *Galerie* überrascht mit aufsehenerregenden Wechselausstellungen moderner Kunst. *Galerie Di–So 10–18 Uhr (Do bis 20 Uhr) | Alšovo nábřeží 12 | Eintritt frei, Führungen (Termine/Reservierung: rudolfinum.cz) 150 Kč | galerierudolfinum.cz | Metro A Staroměstská | F3*

32 KLAUSEN-SYNAGOGE (KLAUSOVA SYNAGOGA)

In diesem Barockbau aus dem 17. Jh. nahe dem Alten jüdischen Friedhof befindet sich eine Dauerausstellung über jüdische Traditionen, Alltag, Gewohnheiten und Feiertage, illustriert u. a. mit seltenen hebräischen Drucken. *U starého hřbitová 1 | Öffnung/Eintritt: Jüdisches Museum (s. S. 44) | Metro A Staroměstská | F3*

33 ALTNEUSYNAGOGE (STARONOVÁ SYNAGOGA) ★

Die Altneusynagoge wurde um 1275 errichtet und ist die älteste erhaltene Synagoge Europas. In der zweischiffigen Halle beeindruckt vor allem die präzise Steinmetzarbeit, zum Beispiel am *Eingangsportal* mit seinen fein ziselierten Ornamenten. Der Legende nach haben Engel nach der Zerstörung Jerusalems Teile von Salomons Tempel hierher getragen. Auch der tönerne Golem des Rabbi Löw war hier zu Hause: Seine lehmigen Reste werden der Sage nach auf dem Dachboden aufbewahrt. Die gewaltige *Fahne* im Gewölbe schenkte Kaiser Ferdinand III. den Juden für ihren tapferen Kampf gegen die Schweden 1648. *Červená 2 | So–Do April–Okt. 9–18, Nov.–März 9–17, Fr oft nur bis 15 Uhr | Eintritt 200 Kč | Metro A Staroměstská | 30 Min. | F3*

34 SPANISCHE SYNAGOGE (ŠPANĚLSKÁ SYNAGOGA)

Ihren Namen hat die 1868 erbaute und damit jüngste Synagoge Josefovs wegen ihres maurischen Stils – und nicht etwa, weil es sich um ein Gotteshaus sephardischer Juden handeln würde. In der prunkvollen und mit reichlich Gold ausgeschmückten Synagoge informiert eine Ausstellung die Besucher über jüdische Geschichte in Tschechien. *Vězeňská 1 | Öffnung/Eintritt: Jüdisches Museum (s. S. 44) | Metro A Staroměstská | G3*

35 AGNESKLOSTER (ANEŽSKÝ KLÁŠTER)

Das frühgotische Doppelkloster der Klarissinnen beherbergt mittelalterliche Kunst aus Böhmen und Mitteleuropa. Sehenswert sind vor allem die bibelfesten Werke von Meister Theoderich und Lucas Cranach d. Ä. Das „Böhmisches Assisi" genannte Kloster wurde 1233 von König Wenzel I. gegründet, der hier auch begraben liegt. Die erste Äbtissin war seine Schwester, die böhmische Prinzessin Agnes. *Di, Do–So 10–18, Mi 10–20 Uhr | 220 Kč, bis 26 Jahre gratis | U Milosrdných 17 | ngprague.cz | Metro A Staroměstská | 1½ Std. | G3*

36 REPRÄSENTATIONSHAUS (OBECNÍ DŮM)

Das atemberaubende Beispiel tschechischer Sezessionsarchitektur wäre ohne den Umzug von König Vladislav II. auf die Prager Burg im Jahr 1483 kaum gebaut worden. Auf dem ehemaligen Königshof, der weitgehend brachlag, entstand das eindrucksvolle Repräsentationshaus

Goldglänzendes Gotteshaus: Die Spanische Synagoge ist im maurischen Stil ausgestaltet

Pulverturm: hochexplosiv in früheren Zeiten

(1906–11) mit dem halbkreisförmigen Mosaik „Huldigung für Prag" von Karel Špillar über dem Haupteingang. Im *Smetana-Konzertsaal*, dem Herz des Hauses, gastiert alljährlich das renommierte Musikfestival „Prager Frühling". Außerdem befinden sich im *Repre*, wie das Repräsentationshaus im Sprachgebrauch der Prager heißt, fünf weitere Säle, zwei Restaurants und ein Café. Die Renovierung des *Obecní dům* (auf Deutsch eigentlich „Gemeindehaus") in den 1990er-Jahren kostete etwa 60 Mio. Euro. Mehrmals täglich finden Führungen *(ab 290 Kč)* statt. Näheres am Informationsstand im Erdgeschoss oder unter *obecnidum.cz. Náměstí Republiky 5 | Metro B Náměstí Republiky | G4*

37 PULVERTURM (PRAŠNÁ BRÁNA)

Die Bauzeit ist rekordverdächtig: Der gotische Turm wurde 1475 begonnen, aber erst 400 Jahre später beendet. 1484 brach man die Arbeiten an dem Repräsentationsobjekt ab, weil der damalige König Vladislav seinen Amtssitz von der Altstadt in die Burg verlegte. Der 65 m hohe Turm erhielt ein provisorisches Dach und diente Ende des 17. Jhs. als Lager für Schwarzpulver (daher der Name). Das imposante Walmdach wurde erst 1886 aufgesetzt. *Öffnungzeiten wie Altstädter Brückenturm (s. S. 46) | 150 Kč | Na Příkopě | Metro B Náměstí Republiky | G4*

38 HAUS ZUR SCHWARZEN MUTTERGOTTES (U ČERNÉ MATKY BOŽÍ)

Das 1911 von Josef Gočár entworfene ehemalige Kaufhaus ist das Hauptwerk des tschechischen Kubismus. Dass dieser keineswegs an der Fassade endete, zeigen das *Kubismus-Museum (Di 10–20, Mi–So 10–18 Uhr | Eintritt 150 Kč)* im Obergeschoss und das kantige *Grand Café Orient* (s. S. 75) im ersten Stock – sogar die Gebäckkringel *(věnečeky)* sind hier eckig! *Ovocný trh 19 | Metro B Náměstí Republiky | 1 Std. | G4*

INSIDER-TIPP
Kubismus zum Anbeißen

39 STÄNDETHEATER (STAVOVSKÉ DIVADLO)

Das klassizistische Gebäude entstand im Auftrag von Graf Franz Anton Nostitz-Rieneck zwischen 1781 und 1783.

In dem Haus spiegelt sich die tschechisch-deutsche Geschichte Prags: Als „Nostitz-Theater" wurde es mit Lessings „Emilia Galotti" eröffnet. In tschechischer Sprache wurde erstmals 1785 gespielt, bevor Mozart am 29. Okt. 1787 hier die umjubelte Uraufführung seines „Don Giovanni" dirigierte. Die böhmischen Stände, die dem Theater den heutigen Namen gaben, übernahmen 1799 die Leitung; später wirkte hier Carl Maria von Weber. Zwischen 1945 und 1991 hieß das Haus Tyl-Theater – nach dem Textdichter der tschechischen Nationalhymne, Josef Kajetán Tyl (1808–56). Sein „Kde domov můj?" („Wo ist meine Heimat?") wurde hier zum ersten Mal gespielt. *Ovocný trh 1 | Metro A, B Můstek |* *G4*

40 KARLSUNIVERSITÄT (UNIVERZITA KARLOVA)

Auch mehr als 650 Jahre nach Gründung hat die Lehranstalt noch einen klingenden Namen. Karl IV. gründete sie am 7. April 1348 als erste mitteleuropäische Universität. Die Studenten mussten zunächst auf einen Campus verzichten, als Hörsaal dienten den vier Fakultäten Klöster und Kirchen – damals die größten Gebäude. Erst 1383 schenkte Wenzel IV. dem Collegium Carolinum ein gotisches Haus, das die Keimzelle des heutigen Hochschulkomplexes bildet. Ältester erhaltener Teil und Wahrzeichen der Universität ist die gotische *Erkerkapelle* der Aula (um 1370), die von der Železná-Gasse aus gut zu sehen ist. Die verschiedenfarbigen Steine an der Fassade des Karolinums wurden nach und nach bei Renovierungen eingefügt. So sollen neue und alte Bausubstanz deutlich gemacht werden. In den gotischen Kellergewölben dokumentiert ein eigenes *Museum (während Wechselausstellungen im Kreuzgang tgl. 10–18, sonst Sa/So 10–18 Uhr, dann Eingang Železná | Eintritt frei)* 700 Jahre Universitätsgeschichte. *Ovocný trh 3 | Metro A, B Můstek |* *G4*

41 BETHLEHEMSKAPELLE (BETLEMSKÁ KAPLE)

Mittelpunkt des schlichten gotischen Gotteshauses ist nicht der Altar, sondern die Kanzel: Und da stand 1402 bis 1412 Jan Hus, der berühmte Reformator, der 1415 in Konstanz als Ketzer verbrannt wurde. Mit seinen Predigten, die er nicht auf Latein, sondern auf Tschechisch hielt, soll er bis zu 3000 Menschen angezogen haben. Im 18. Jh. wurde das Gebäude abgerissen und erst in den 1950er-Jahren nach alten Zeichnungen wieder neu aufgebaut. *April–Okt. tgl. 10–18.30, Nov.–März 10–17.30 Uhr | 60 Kč | Betlemské náměstí 4 | Metro B Národní třída | 30 Min. |* *F4*

42 SMETANA-MUSEUM (MUZEUM BEDŘICHA SMETANY)

Dies ist wahrlich der passende Platz für den Komponisten der berühmten „Moldau" und den Begründer der tschechischen Nationalmusik, Bedřich Smetana (1824–84): Das Museum ist direkt über dem Fluss angesiedelt. Der sechsteilige sinfonische Zyklus „Mein Vaterland", aus dem auch „Die

Moldau" stammt, entstand um 1874 (Uraufführung 1882) – Smetana war da bereits beinahe taub. Bester Beweis für Smetanas Genie: Das ergreifende Hauptmotiv der Moldau stammt unverändert aus dem Kleinkinderlied "Kočka leze dírou", einer Variante von "Alle meine Entchen"! *Mi–Mo 10–17 Uhr | 50 Kč | Novotného lávka 1 | Metro A Staroměstská | ⏲ 1 Std. | 🕮 F4*

NEUSTADT/ NOVÉ MĚSTO

Das „Neu" im Namen darf man nicht allzu wörtlich nehmen: Die Prager Neustadt wurde bereits 1348 angelegt – als eines der größten europäischen Städtebauprojekte des Mittelalters.

Wie so vieles in Prag geht auch sie auf den römisch-deutschen Kaiser Karl IV. zurück. Unter ihm wurde Prag zur repräsentativen Hauptstadt des Reichs. Einer der wichtigsten Punkte dabei: die Stadterweiterung. Im weiten Bogen um die Altstadt ließ Karl ein rund 2,5 km^2 großes Gelände von Stadtmauern umfassen. Auf einen Schlag hatte sich die Fläche der Prager Städte Altstadt, Kleinseite und Hradschinstadt verdreifacht – genug Platz fürs nächste halbe Jahrtausend! Erst im späten 19. Jh. wächst Prag über die Neustadt hinaus!

Überhaupt verblüfft der Weitblick des Kaisers bis heute: „Damit mindestens zwei Gespanne nebeneinander passen", ließ er Straßen mit einer Breite von bis zu 25 m anlegen, die auch im Autozeitalter noch perfekt dienen. Für den Handel wurden riesige Marktplätze geschaffen, die bis heute den Prager Stadtplan dominieren: Der heutige *Karlsplatz (Karlovo náměstí)* war ehedem der Viehmarkt, und der ehemalige Rossmarkt wurde als *Wenzelsplatz (Václavské náměstí)* zum modernen Zentrum der Stadt.

Die Neustadt ist zwar nicht so pittoresk wie Altstadt oder Kleinseite, aber dafür sehr quirlig. Der historische Graben zwischen Alt- und Neustadt ist heute Prags zentrale Einkaufsmeile *(Na příkopě)*. In der Neustadt gibt es zahlreiche Museen, Theater und Musikclubs. Auch Architekturinteressierte kommen auf ihre Kosten: Kubismus (unterhalb des Vyšehrad) und Moderne (Frank O. Gehrys Tanzendes Haus) finden sich hier genauso wie Renommierbauten des 19. Jhs.: das Nationalmuseum und das Nationaltheater.

43 WENZELSPLATZ (VÁCLAVSKÉ NÁMĚSTÍ) ★

Ein Boulevard der Eiligen, der Schlendernden, der Verliebten, der Erlebnishungrigen, der Taschen- und der Tagediebe: Das ist der Wenzelsplatz heute. Sicher ist: In Prag gibt es weitaus schönere Orte als den *Václavák,* wie ihn die Tschechen nennen. Ein wenig schmuddelig, abgehalftert und alles andere als weltstädtisch ist der 750 m lange und 60 m breite Platz, den Karl IV. 1348 lediglich als Rossmarkt

Wenzelsplatz: Hoch zu Ross wacht der Landespatron Wenzel über sein Volk

vor den Toren der Altstadt angelegt hatte.

Dennoch ist der Platz, der den Namen des böhmischen Landespatrons trägt, bis heute der Ort, zu dem es die Nation in entscheidenden Momenten magisch hinzieht. Gefühlter Mittelpunkt von Stadt und Nation ist die bronzene *Reiterstatue* des hl. Wenzel, die vor dem gewaltigen Gebäude des Nationalmuseums thront – flankiert von den Landesheiligen Agnes, Ludmila, Prokop und Adalbert.

Als 1968 die Truppen des Warschauer Pakts den Prager Frühling brutal niederschlugen, gingen die erschütternden Bilder vom Wenzelsplatz um die ganze Welt. In der Nähe der Reiterfigur verbrannte sich der Student Jan Palach im Januar 1969 aus Protest gegen die Lethargie des Volks nach der Besetzung durch die sozialistischen Brudertruppen. Eine Stätte des Gedenkens findet sich im Pflaster vor dem Nationalmuseum. In den 1980er-Jahren ließ Innenminister Lubomír Štrougal in der Mitte des Platzes einen Grünstreifen anlegen, um so Demonstrationen zu verhindern. Doch wenige Jahre später konzentrierte sich der Protest gegen das kommunistische Regime wieder hier. Als Václav Havel im November 1989 vom Balkon des Verlagshauses Melantrich (Nr. 36) zu Tausenden Demonstranten sprach, war die demokratische Wende nicht mehr aufzuhalten.

Der Wenzelsplatz wird nach und nach umgestaltet. Viele der typischen Wurstbuden sind bereits verschwunden, der untere Abschnitt wurde als Fußgängerzone eingerichtet. Baumreihen, Straßencafés und eine Trambahnlinie sollen dem Platz zukünftig ein Flair verleihen, das seiner Bedeutung entspricht. | *G4–5*

44 NATIONALMUSEUM (NÁRODNÍ MUZEUM)

Der imposante Neorenaissancebau nach Vorbild des Pariser Louvre ist endlich wieder eine würdige Dominante des Wenzelsplatzes: Im Herbst 2018 wurde das Haus nach siebenjähriger Rekonstruktion – der ersten in seiner fast 130-jährigen Geschichte – in neuem Glanz wiedereröffnet. Ebenfalls komplett umgekrempelt wurden die – nun modernen und interaktiven – Dauerausstellungen zur Natur- und Landesgeschichte von der Vorzeit bis ins 20. Jh. Daneben gibt es immer wieder neue Wechselausstellungen.

An die einst endlosen Vitrinenkilometer („Hier liegt die Idee des Museums selbst unter Glas", ätzte einst ein Pragkenner) erinnert nur noch ein Teil der denkmalgeschützten größten *Mineralienkollektion* Europas. Unangetastet blieb allein das Wahrzeichen, ein 22 m langes *Finnwal-Skelett* aus dem Jahr 1885. Als einziges Exponat verteidigte es auch während der Renovierung seinen Platz.

Zum Nationalmuseum gehört der nebenan liegende, durch einen Ausstellungstunnel verbundene Gebäudekomplex. Hier saß einst das kommunistische Parlament, später Radio Free Europe. *Tgl. 10–18 Uhr | 250 Kč | nm.cz; Historisches Gebäude: Václavské náměstí 68; Neues Gebäude: Vinohradská 1; je 1 Std. | Metro A, C Muzeum | H5*

Beeindruckende Architektur: der Kuppelsaal des Nationalmuseums

45 STAATSOPER (STÁTNÍ OPERA)

Das einstige „Neue Deutsche Theater" (1887) aus dem Baukasten des Wiener Architektenduos Ferdinand Fellner und Hermann Helmer ist heute zwischen der Stadtautobahn und einem Parkhaus eingeklemmt. Als „Staatsoper" fungiert das neoklassizistische Haus seit 1992 neben dem Nationaltheater, mit dem es inzwischen organisatorisch vereint ist, als zweite große Prager Musikbühne. Die Büsten von Goethe und Schiller an der Fassade erinnern noch an die deutsche Vergangenheit des Baus. *Legerova 75 | Tel. 224901448 | narodni-divadlo.cz | Metro A, C Muzeum | H5*

46 PRAGER STADTMUSEUM (MUZEUM HL. M. PRAHY)

Tausend Jahre Prager Stadtgeschichte und immer wechselnde Sonderausstellungen in einem prachtvollen Neorenaissance-Palast aus dem Jahr 1898. Glanzstück: Ein detailliertes Papiermodell Prags aus den 1830er-Jahren bewahrt die Atmosphäre des später abgerissenen Ghettos – eine Fleißarbeit von Bibliotheksdiener Antonín Langweil mit gut 2000 Häusern auf 20 m². *Wegen Renovierung voraussichtl. bis Herbst 2023 geschl. | Na Poříčí 52 | muzeumprahy.cz | Metro B,C Florenc | 2 Std. | J3*

INSIDER-TIPP
Zeitreise auf Papier

47 KOMMUNISMUSMUSEUM (MUZEUM KOMUNISMU)

Ein Amerikaner erklärt den Pragern ihre Vergangenheit: Die Privatsammlung des Expat-Kneipiers Glenn Spicker ist halb sozialistisches Devotionalien-Panoptikum, halb unterhaltsamer Geschichtsunterricht. *Tgl. 9–20 Uhr | 380, Familie 800 Kč | V Celnici 4 | muzeumkomunismu.cz | Metro A, B Můstek | 1 Std. | G4*

48 MUCHA-MUSEUM (MUCHOVO MUZEUM)

Ein Museum für den vielseitigen Jugendstilkünstler Alfons Mucha (1860–1939). Unter den 100 Exponaten be-

Im Nationaltheater findet Kunst nicht nur auf der Bühne statt

finden sich viele grafische Arbeiten (z. B. Plakate für die französische Schauspielerin Sarah Bernhardt) sowie Gemälde mit Szenen aus der slawischen Geschichte. *Tgl. 10–18 Uhr | 280 Kč | Panská 7 | mucha.cz | Metro A, B Můstek | G4*

49 FRANZISKANERGARTEN (FRANTIŠKÁNSKÁ ZAHRADA)

Eine Insel der Ruhe im Häusermeer bieten hier zahlreiche Bänke und Spazierwege in unmittelbarer Nähe des hektischen Wenzelsplatzes, zu dem eine Passage vom Garten aus führt. Zuvor war der Platz für manche ein Ort der ewigen Ruhe: Ein Teil des Gartens entstand auf dem früheren Friedhof des Franziskanerordens. *Tgl. Mitte April–Mitte Sept. 7–22, Mitte Sept.–Mitte Okt. 7–20, Mitte Okt.–Mitte April 8–19 Uhr | Jungmannovo náměstí | Metro A, B Můstek | G5*

50 KIRCHE MARIA SCHNEE (KOSTEL PANNY MARIE SNĚŽNÉ)

Karl IV. ließ auch Kirchen in der Stadt errichten. Eine davon ist Maria Schnee, mit deren Bau 1379 begonnen wurde. Sie war als Krönungskirche geplant. Dementsprechend ehrgeizig angelegt war der ursprüngliche Plan – sollte sie doch den Veitsdom an Größe übertreffen. Die Arbeiten wurden wegen der Hussitenkriege unterbrochen und im 17. Jh. mit Renaissanceumbauten kurz wieder aufgenommen. Mit einer Schiffhöhe von 33 m ist Maria Schnee der höchste gotische Kirchenbau der Hauptstadt. Im Inneren steht auf dem größten Altar Prags das Gemälde „Mariä Verkündigung" (1724) von Václav Vavřinec Reiner. *Tgl. 9–18 Uhr | Jungmannovo náměstí 18 | Metro A, B Můstek | G4*

51 NATIONALTHEATER (NÁRODNÍ DIVADLO)

Das Neorenaissancegebäude wurde ab 1868 an der Stelle des Prager Salzlagers errichtet. Landesweit sammelten Sendboten damals Geld von der Bevölkerung, um den Bau nach Entwürfen von Josef Zítek zu vollenden. Doch kurz nach der Eröffnung (mit Bedřich Smetanas „Libuše") legte ein Feuer das Theater im Sommer 1881 in Schutt und Asche. Der Wiederaufbau wurde zur nationalen Pflicht erklärt, und die Tschechen brauchten nur sechs Wochen, um das Unglaubliche Wirklichkeit werden zu lassen: Freizügig spendeten die Menschen genug Geld für einen Neubau. Im November 1883 wurde das Nationaltheater umso feierlicher eingeweiht. An der Ausstattung des Hauses beteiligten sich die besten Künstler des Landes – der wundervolle *Festvorhang* über der Bühne stammt zum Beispiel von Václav Hynais. *Führungen (an ausgewählten Wochenenden auch auf Englisch) nach Voranmeldung | Národní třída 2 | Tel. 224901448 | narodni-divadlo.cz | Metro B Národní třída |* *F5*

52 LATERNA MAGIKA

Jahrzehntelang war in Prag gestritten worden, wie die Baulücke neben dem grandiosen Nationaltheater gefüllt werden soll. Erst 1977 begann man mit dem Bau des gläsernen Eiswürfels, einem kühnen Entwurf von Karel Prager. Innen ist das Gebäude mit grünen Marmorplatten aus Kuba verziert. Der schlichte Zuschauersaal wendet sich wie ein antikes Theater der Bühne zu. Die gehört u. a. der *Laterna magika* – in den Vorstellungen ergänzt sie die Pantomime des klassischen Schwarzlichttheaters mit Videoeffekten. Die einst futuristische Technik weckt in Zeiten von Virtual Reality und Videomapping ein angenehmes Retro-Feeling. Für 2023–24 ist eine grundlegende Renovierung geplant. *Nová scéna | Národní třída 4 | Tel. 224931482 | narodni-divadlo.cz | Metro B Národní třída |* *F5*

53 BIERMUSEUM (PIVOVARSKÉ MUZEUM)

Eigentlich sind schon die romantischen Säle des berühmten 500-jährigen Schwarzbier-Brauhauses *U Fleků* (s. S. 105) Museum genug. Doch auch der Braubetrieb kann besichtigt werden, und in der alten Renaissance-Malzdarre gibt es eine eigene Ausstellung mit Gerätschaften und Utensilien aus der langen Prager Braugeschichte. *Museum: Mo–Fr 10–16 Uhr | 100 Kč; Brauereibesichtigung: Mo–Fr 10–18 Uhr, Sa/So nur für Restaurantgäste | 210 Kč; alles (auch Museumsbesuch) nur nach Voranmeldung unter Tel. 224934019 | Křemencova 11 | Metro B Národní třída | 45 Min. |* *F5*

54 TANZENDES HAUS (TANČÍCÍ DŮM)

Der amerikanische Architekt Frank O. Gehry und sein Prager Kollege Vlado Milunić füllten 1996 mit einem kühnen Entwurf die Lücke, die eine Fliegerbombe im Zweiten Weltkrieg in die Häuserreihe gerissen hatte. Die Prager mögen das Gebäude: Schon kurz nach dem Richtfest erhielten die beschwingten Säulen den Kosenamen „Ginger & Fred" – nach Hollywoods legendärem Tanzduo Ginger Rogers und Fred Astaire. Die an die Fassade gemalten Kurven versinnbildlichen die Moldauwellen. In der *GlassBar (tgl. 10–23 Uhr)* mit Panoramaterrasse im obersten Stock kannst du den Schwung des Hauses auch von innen erleben. Gleich nebenan, im Haus Nummer 78 wohnte übrigens lange Zeit ein berühmter Bürgerrechtler: Václav Havel. *Rašínovo nábřeží 80 | Metro B Karlovo náměstí | F6*

INSIDER-TIPP
Tanzende Luftakrobatik

55 MUSEUM DES WIDERSTANDS (PAMÁTNÍK HRDINŮ)

In der Gruft der Kyrill-und-Method-Kirche lieferten sich im Juni 1942 Widerstandskämpfer nach dem Attentat auf den hohen NS-Funktionär Reinhard Heydrich einen heldenhaften Kampf mit der Waffen-SS. Eine karge Ausstellung legt ohne falsches Pathos Zeugnis ab von der blutigen Tragödie. *Di–So 9–17 Uhr | Eintritt frei | Resslova 9 | Metro B Karlovo náměstí | 15 Min. | F6*

56 PRAGER LITERATURHAUS (PRAŽSKÝ LITERÁRNÍ DŮM)

Prager deutsche Literatur, das ist nur Kafka? Von wegen. Wer wissen will, wie die Prager Gutsbesitzerstochter Ossip Schubin versehentlich die moderne japanische Literatur mitbegründete und Victor Hadwiger den Expressionismus erfand, der ist hier richtig. Eine kleine Ausstellung und eine reiche Bibliothek zeigen dir auf einer Zeitreise das deutschsprachige Prag. *Di 13–16.30 Uhr oder n. V. | Tel. 2 22 54 05 36 | Ječná 11 | prager-literaturhaus.com | Metro B Karlovo náměstí | G6*

INSIDER-TIPP
Literatour für Buch-Halter

57 DVOŘÁK-MUSEUM (MUZEUM ANTONÍNA DVOŘÁKA)

Auch architektonisch ist das Museum des Nationalkomponisten Antonín Dvořák (1841–1904) einen Besuch wert: Das barocke Lustschloss wurde 1712 von Kilian Ignaz Dientzenhofer für Graf Michna entworfen. Es war Dientzenhofers erster Bau in Prag. Der Name „Villa Amerika" geht auf ein ehemaliges Gasthaus in der Nähe zurück. Aber auch zu Dvořák passt der Name bestens: Schließlich lebte er mehrere Jahre in New York, wo er 1892–95 künstlerischer Leiter des Konservatoriums war und seine 9. Symphonie „Aus der Neuen Welt" komponierte. Das Museum zeigt das rekonstruierte Arbeitszimmer Dvořáks. *Di–So 10–17 Uhr | 50 Kč | Ke Karlovu 20 | Metro C I. P. Pavlova | 1 Std. | G6*

58 VYŠEHRAD ★

Nur am Wochenende trifft man auf dem bizarren Moldaufelsen viele Spaziergänger, die meisten Pragbesucher meiden den Vyšehrad. Zu ihrem eigenen Schaden, denn von der *Peter-und-Paul-Kirche* hat man einen schönen Blick über die Stadt. Auf diesem Hügel orakelte um 725 die Fürstin Libuše, Stammmutter der

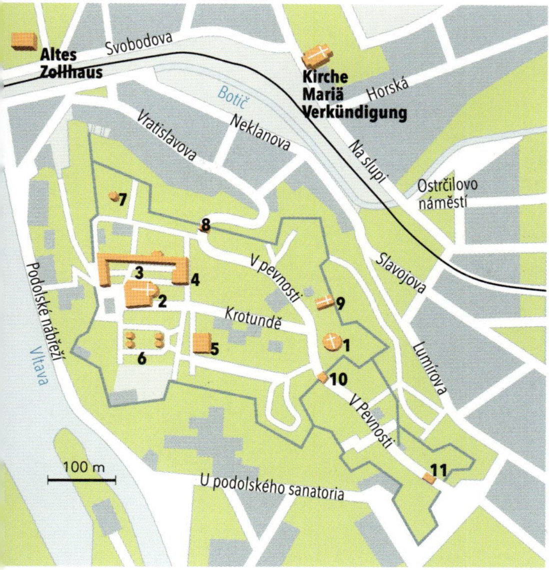

VYŠEHRAD

1 Rundkapelle St. Martin
2 Kapitelkirche St. Peter und Paul
3 Ehrenfriedhof
4 Slavín
5 Laurentiuskapelle
6 Vyšehrader Anlagen
7 Hl. Wenzel
8 Chotektor (1841)
9 Kapelle Maria in den Schanzen
10 Leopoldstor
11 Tabortor

Přemysliden-Dynastie, der Stadt einen „Ruhm, der bis zu den Sternen reicht". Später stand hier die Siedlung böhmischer Fürsten. Die erste Burg wurde im 15. Jh. während der Hussitenkriege zerstört. Von ihr übrig geblieben ist die romanische *Martinsrotunde* aus dem 12. Jh., eines der ältesten Bauwerke Prags. In der Nähe führt ein Tor zu unterirdischen Festungskatakomben, in dem zahlreiche Originalstatuen der tschechischen Hauptstadt vor dem Zerfall geschützt werden.

INSIDER-TIPP
Gräber der Großen

Durch ein Portal neben der Kirchenfront gelangt man zum *Ehrenfriedhof* des Landes. Hier wurden viele Persönlichkeiten der tschechischen Geschichte bestattet, unter anderem die Komponisten Bedřich Smetana und Antonín Dvořák, der Dirigent Rafael Kubelík, der Künstler Alfons Mucha und die Schriftsteller Karel Čapek und Jan Neruda. Auf der Ostseite des Friedhofs steht der *Slavín*, eine gemeinsame Ehrengruft berühmter Tschechen. *Friedhof Nov.–Feb. tgl. 8–17, März/April/Okt. 8–18, Mai–Sept. 8–19 Uhr | Vyšehradské sady | Metro C Vyšehrad |*
F–G 7–8

AUSSERDEM SEHENSWERT

59 SMÍCHOV

In der ehemaligen Industievorstadt hat Staropramen, die größte Brauerei

In Vinohrady kann man auf dem Náměstí Jiřího z Poděbrad glatt die Zeit vergessen

Prags, ihren Sitz und ein *Besucherzentrum* (*E7*) (*Di–Sa 11.30–18 Uhr | Führungen mit Verkostung ab 249 Kč; auch auf Deutsch oder Englisch nach Anmeldung unter Tel. 251553389 oder online auf centrumstaropramen.cz | Pivovarská 9 | Metro B Anděl | 1 Std.*). In der Braustube gibt's frisches *pivo* zu böhmischer Küche.

Viele Musikliebhaber zieht die *Villa Bertramka* (*D7*) (*Do–So 10–15 Uhr | 50 Kč | Mozartova 169 | Metro B Anděl*) mit ihrem *Mozart-Museum* nach Smíchov. Denn Wolfgang Amadeus Mozart war auf dem Landgut zwischen 1787 und 1791 häufig zu Gast und schrieb hier am Abend vor der Uraufführung die Ouvertüre zu „Don Giovanni". Die Villa ist bis auf Weiteres geschlossen. Eine neue Ausstellung ist aber in Vorbereitung. Infos unter: *bertramka.eu* | *C–E 7–8*

60 VINOHRADY

Vinohrady („Weinberge") ist mit seinen großzügigen Altbauten und schicken Cafés eines der teuersten und beliebtesten Wohnviertel. Lohnenswert ist ein Abstecher in den *Rieger-Park (Riegerovy sady)* (*J5*), der im Sommer mit seinem großen Biergarten ein lebendiger Treffpunkt ist. Und nicht nur Kindern gefällt die *Metro-Rolltreppe* (*H6*) am Náměstí Míru – mit 87 m eine der längsten Europas.

Herz des Stadtteils ist der Platz *Náměstí Jiřího z Poděbrad* (*J6*). In seiner Mitte, mächtig wie ein gestrandetes Schiff, die *Herz-Jesu-Kirche* (1932) des slowenischen Architekten Jože Plečnik, der in den 1920er-Jahren auch die Neugestaltung der Prager Burg leitete. Der eigentümliche Bau kombiniert antike Elemente mit der architektonischen

Moderne – eine Ikone unter den Prager Kirchen. Und wer hier die Zeit nicht ablesen kann, dem ist in Tschechien nicht mehr zu helfen: Die Kirchturmuhr ist mit 7,6 m Durchmesser die größte des Landes. *H–J 5–6*

61 ŽIŽKOV

In Vinohrady trägt man Businesshemd, im benachbarten Žižkov genügt ein Tanktop. Das ehemalige Arbeiterviertel ist rau, ehrlich und immer noch ein bisschen schmuddelig – das Zentrum der Prager Undergroundkultur mit vielen Bars, kleinen Theatern und dem beliebten Musikclub *Akropolis* (s. S. 101). Hier gibt es die meisten Kneipen – und die größten Friedhöfe Prags.

Teils in einem jüdischen Friedhof steht auch Prags höchstes Bauwerk: der *Fernsehturm (Televizní věž)* *(K5)* *(tgl. 9–24 Uhr | 250 Kč, Kinder 3–14 Jahre 160 Kč, Fam. 590 Kč | Mahlerovy sady 1)*. Von der 93 m hohen Besucherplattform genießt man eine tolle Aussicht. Das gilt auch für den *Vítkov-Hügel* *(K3–4)*, auf dem ein Granitklotz thront, den die Kommunisten als Mausoleum nutzten: die *Nationale Gedenkstätte Vitkov (120 Kč)*. Heute gibt's hier eine Ausstellung zur Geschichte der Tschechoslowakei zu sehen. Geschichtsmuffel gehen gleich auf die Dachterrasse ins *Museumscafé (Nov.–März Do–So 10–18 Uhr, April–Okt. auch Mi, Dachterrasse im Winter nur bis 16 Uhr | U Památníku 1900 | Straßenbahn 1, 5, 9, 11 Ohrada)*.

Stadtauswärts liegen an der grünen Metrolinie die *Wolschaner Friedhöfe (Olšanské hřbitovy)* *(L–M5)* *(Nov.–Feb. tgl. 8–17, Mai–Sept. 8–19, März/April/Okt. 8–18 Uhr | Metro A Flora)*, eine zusammenhängende Anlage aus insgesamt 12 Begräbnisstätten und Prags größte Nekropole. Im 19. Jh. wurde das Areal zum zentralen Kommunalfriedhof ausgebaut. Rund 2 Mio. Prager haben hier die letzte Ruhe gefunden.

INSIDER-TIPP Friedhofsnostalgie

Hinter der Shoppingmall Atrium Flora sind noch zahlreiche deutsche Gräber und sehenswerte *Gruftkapellen* erhalten.

Jenseits der Straße Jana Želivského schließt der *Neue jüdische Friedhof (Nový Židovský hřbitov)* *(M–N5)* *(April–Okt. So–Do 9–17, Fr 9–14, Nov.–März So–Do 9–16, Fr 9–14 Uhr | Izraelská 1 | Metro A Želivského)* an. Viele besuchen ihn nur wegen Franz Kafka.

Die letzte Ruhestätte des 1924 gestorbenen Autors befindet sich, auch von außen sichtbar, gleich in der ersten Reihe des Gräberfeldes, am dritten Eingangstor gegenüber der Sendezentrale von Radio Free Europe / Radio Liberty. Sehenswert sind auch die Soldatengräber aus den beiden Weltkriegen. *K–N 3–5*

62 KARLÍN

In dem alten Arbeiterviertel gab es früher die dunkelsten Ecken von Prag. Dann kam 2002 das Hochwasser, das in Karlín teils bis in den ersten Stock der Häuser eindrang – und danach mit der Renovierung der Neustart für das ganze Viertel. Rund um die Kyrill-und-Method-Kirche gibt es heute coole Shops und Bistros, die leer stehende Ferdinandskaserne aus den 1840er-Jahren ist eine improvisierte hippe Eventlocation (*Kasárna Karlín* s. S. 100). Markantester Bau des Viertels ist das *Negrelli-Eisenbahnviadukt* (1850) – die nach der Karlsbrücke zweite Prager Moldauquerung. In die frisch renovierten knapp hundert Hochbahnbögen sollen in Zukunft Bars, Cafés und Geschäfte einziehen. *L3*

63 HOLEŠOVICE

Der im Moldaubogen gelegene Stadtteil ist eines der beliebtesten Wohnviertel Prags. Das liegt auch an den beiden Parkanlagen: Der *Stromovka-Park (Baumgarten)* war ursprünglich als königliches Wildgehege angelegt worden. Heute sind hier Spaziergänger, Inlineskater und Radfahrer unterwegs.

Auf der Letná-Ebene, wo ein überdimensionales *Metronom (F2–3)* über der Stadt tickt, stand bis 1962 das größte Stalindenkmal des Ostblocks. Von den Überresten seines Granitsockels bietet sich der wohl schönste Panoramablick über Prag und seine Moldaubrücken.

INSIDER-TIPP
Von Stalins Sockel

Holešovice hat auch Kulturelles zu bieten: Das *Technische Nationalmuseum (Národní technické muzeum) (G2) (Di–So 9–18 Uhr | 280 Kč, 7–15 Jahre 60 Kč, Kinder bis 6 Jahre gratis, Familienticket 560 Kč | Kostelní 42 | Straßenbahn 1, 8, 12, 25, 26 Letenské náměstí | 2 Std.)* ist alles andere als angestaubt. Schon in der Eingangshalle wird man von zig Autos, Flugzeugen und Lokomotiven überwältigt. „Bitte nicht berühren!" gilt hier häufig nicht. Die Besucher dürfen eine Dampflok besteigen oder auch auf einer Schreibmaschine tippen.

Die ★ *Sammlung der modernen Kunst (Sbírka moderního umění) (H1) (Di, Do–So 10–18, Mi 10–20 Uhr | 220 Kč, bis 26 Jahre gratis | Dukelských hrdinů 47 | ngprague.cz | Straßenbahn 6, 17 Veletržní palác | 2 Std.)* ist das wichtigste Museum der Hauptstadt. Prunkstück ist ohne Frage die reiche Sammlung der französischen Moderne mit Namen wie Paul Cézanne, Auguste Rodin, Claude Monet, Vincent van Gogh und Henri Matisse – ein beeindruckendes Spektrum! Auf einer Ausstellungsfläche von 13 500 m² im früheren Messepalast sind außerdem

Zu Füßen des Metronoms im Letná-Park lässt es sich herrlich entspannen

Meisterwerke tschechischer Künstler zu sehen.

In Holešovice hat auch Prags größte Galerie für Gegenwartskunst ihren Sitz: das *Zentrum für zeitgenössische Kunst DOX* *(J-K1)* *(Mi–So 12–18 Uhr | 250 Kč | Poupětova 1 | dox.cz | Straßenbahn 6, 12 Ortenovo námestí | 1½ Std.)*. In den Hallen einer früheren Fabrik sind Wechselausstellungen aus den Bereichen bildende Kunst, Architektur und Design zu sehen; mit Café und Designshop. Schick und zunächst irritierend ist der Kinosaal in Form eines zwischen den Dächern verkeilten Zeppelins – er hat das Zeug zur Architekturikone. *F-K1–2*

64 TROJA

Am nördlichen Moldaubogen begann früher die ländliche Idylle. Weinberge und historische Landgüter erhalten bis heute ein wenig dieser Atmosphäre. Der weitläufige, von natürlichen Bächen und Felsen durchzogene *Zoo (Zoologická zahrada) (Juni–Aug. Kassen tgl. 9–19, Gelände bis 21, April/Mai/Sept./Okt. 9–18, Nov.–Feb. 9–16, März 9–17 Uhr | 250 Kč, Kinder 3–15 Jahre 200 Kč, Familienticket 800 Kč | U Trojského zámku 120 | zoopraha.cz | Bus 112 ab Metro C Nádraží Holešovice | 3 Std.)* gilt als einer der schönsten Tiergärten der Welt. Über 650 Tierarten leben hier. Spazierfaule Besucher transportiert ein Sessellift in den oberen Teil der Anlage.

INSIDER-TIPP
Zoo-Boot

Nimm statt Bus doch einfach vom Stadtzentrum aus ein Moldauboot zum Zoo *(Rašínovo nábřeží | 240 Kč, Kinder 3–11 Jahre 150 Kč | Abfahrt Mai–Aug. tgl. 9, 12, 15.30 Uhr, April/Sept./Okt. nur Sa/So | paroplavba.cz)*. Da wird schon die Fahrt zum Erlebnis.

Das imposante frühbarocke *Schloss Troja (Zámek Troja) (April–Okt. Di–Do, Sa/So 10–18, Fr 13–18 Uhr. Gärten Di–So 10–19 Uhr | Eintritt 150 Kč, Gärten gratis | U Trojského zámku 4 | ghmp.cz/zamek-troja | Bus 112 ab Metro C Nádraží Holešovice | 1 Std.)* ist inspiriert von antiken römischen Landvillen. Heute zeigt die Nationalgalerie hier u. a. böhmische Kunst des 19. Jhs. Besonders beeindruckend: die exakten barocken Gartenanlagen und der Hauptsaal mit illusionistischer Deckenmalerei: Aus der richtigen Perspektive betrachtet klappt plötzlich ein zusätzliches Stockwerk auf. *0*

65 STRASSENBAHNMUSEUM (MUZEUM MHD)

Die Prager lieben ihre Trambahn, und das schon seit 1875! Klar, dass die Bahnen ihr ein eigenes Museum verdienen – stilecht im alten Depot im Viertel Střešovice und inklusive Nostalgiefahrt *(Line 42 | 150 Kč)* über Wenzelsplatz, Kleinseite und Burg. Ein- und Ausstieg ist an allen Haltestellen möglich – unabhängig vom Museumsbesuch. *Museum: April–Nov. Sa/So 9–17 Uhr | 50 Kč, Kinder 6–15 Jahre 30 Kč | Patočkova 4 | dpp.cz/muzeum-mhd | Straßenbahn 1, 2, 25 Vozovna Střešovice | 1 Std. | C3*

INSIDER-TIPP
Zeitreise auf Schienen

66 KLOSTER BŘEVNOV (BŘEVNOVSKÝ KLÁŠTER)

Einige Straßenbahnstationen hinter der Prager Burg erhebt sich das Bendediktinerkloster Stift Břevnov mit der prächtigen *Basilika St. Margareta (ba-*

zilika sv. Markéty) und weitläufigen Gärten. Die heutige barocke Gestalt (1740) stammt wie so vieles in Prag aus der Feder der Familie Dientzenhofer. Gegründet wurde das Kloster aber bereits 993 – einschließlich der Klosterbrauerei, die damit die älteste belegte Brauerei des Landes ist. Seit 2011 wird hier wieder gebraut, in der Klosterschänke kann das Ergebnis gleich verkostet werden. *Führungen o. Brauerei Sa 10/14, So 11/14 Uhr, während der Sommerzeit zusätzl. Sa/So 16 Uhr | Markétská 1 | brevnov.cz | Straßenbahn 22,25 Břevnovský klášter | 1½ Std. | 0*

67 SCHLOSS STERN (ZÁMEK HVĚZDA)

Der Name kommt nicht von ungefähr: Schloss Stern wirkt mit seiner streng geometrischen Anlage wie ein überdimensionaler Zimtstern – ein außergewöhnliches Beispiel der böhmischen Renaissancearchitektur. Der spätere Kaiser Ferdinand I. ließ es im 16. Jh. als Jagdschlösschen errichten – idyllisch versteckt in einem Waldpark. Heute beherbergt das Schloss eine Ausstellung zu seinem Erbauer und zur Schlacht am benachbarten Weißen Berg, die das Land für 300 Jahre unter die Vorherrschaft der Habsburger in Wien brachte. *April–Okt. Di–So 10–18 Uhr | Obora Hvězda | Straßenbahn 22, 25 Vypich | 45 Min. | 0*

68 WILDE ŠÁRKA (DIVOKÁ ŠÁRKA)

Prags allernächste Landpartie: Neben der Ausfallstraße zum Flughafen liegt das Tal der „Wilden Šárka". Der Name erinnert an die Amazonenführerin Šárka, die im mythischen „Mägdekrieg" die Vorherrschaft der Männer herausgefordert haben soll. Von der nahen Millionenstadt Prag ist hier nichts zu spüren. Steil ansteigende Felsen säumen den Weg durch das Naturreservat entlang des Šárka-Bachs. Vorkriegs-Charme verbreitet das *Naturfreibad Divoká Šárka (im Sommer tgl. 10–18 Uhr | 150 Kč)*, das vom kühlen Wasser des Bachs gespeist wird. Herrlich erfrischend! Ein Stückchen weiter lockt ein *Biergarten*, der an Sommerwochenenden gern von Radlern angesteuert wird. *Straßenbahn 20, 26 Divoká Šárka | dann zehn Minuten zu Fuß entlang des rot gekennzeichneten Wanderwegs | 0*

AUSFLÜGE

69 SCHLOSS PRŮHONICE (PRŮHONICKÝ ZÁMEK)

40 Min. vom Wenzelspatz, Metro C bis Opatov und Bus 363/385 bis Průhonice

Vor der Kulisse des Schlosses Průhonice wurden viele Märchenfilme gedreht. Aber nicht wegen des allzu oft „verschönerten" Schlosses lohnt sich ein Ausflug in das Örtchen kurz hinter der südlichen Prager Stadtgrenze. Die eigentliche Attraktion ist der riesige *Park,* der zum Unesco-Weltkulturerbe gehört.

Auf 23 km Wegen kannst du ausgedehnte Spaziergängen machen, 1600 verschiedene Pflanzen wachsen hier. Im Frühling siehst du dich an zahllosen Blüten satt. Berühmt ist die Rhodondendronblüte im April/Mai. *Nov.–Feb. 8–17, März 7–18, April/Okt. 7–19, Mai–Sept. 7–20 Uhr | 100, Familienticket 260 Kč | pruhonickypark.cz | ⊞ 0*

70 KARLSTEIN (HRAD KARLŠTEJN)

40 Min. vom Hauptbahnhof, Bahn (S7)

Südwestlich von Prag ließ Karl IV. 1348 auf einem von Wald umgebenen Felsen eine uneinnehmbare Festung errichten – als eine Art riesigen Tresor. Hier wurden die königlichen Schätze und die Kronjuwelen des Heiligen Römischen Reichs deutscher Nation aufbewahrt. Die imposante Festungsanlage bietet einen fantastischen Blick in die Landschaft. *Im Unterschied zu den meisten böhmischen Burgen ganzjährig geöffnet. Eintritt nur mit Führung (im Sommer mehrere Varianten, 190–550 Kč). Schwankende Zeiten – vorab*

Burg Karlstein: früher uneinnehmbare Festung, heute Touristenattraktion in toller Lage

auf der Website checken! | *hrad-karlstejn.cz* | 🕮 0

71 GEORGSBERG (ŘÍP)

1–1½ Std. vom Wenzelsplatz, Bahn (S 4) ab Masarykovo nádraží bis Vraňany, von da mit dem Schienenbus (U 22) nach Ctiněves

„Was den Mohammedanern Mekka, das ist den Tschechen der Říp", so das Motto auf dem alten hölzernen *Gipfelgasthaus (ganzjährig tgl. 10–17 Uhr | €)*. Der allein stehende 456 m hohe Basaltkogel bietet Blicke ins gesamte Umland. Der Legende nach wies Urvater Tschech von hier seinem Volk das böhmische Land als Heimat an. Heute ist der Berg mit seiner fast tausendjährigen *Rundkirche (April, Okt. Sa/So 10–16, Mai/Juni/Sept. Di–So 10–17, Juli/Aug. Di–So 10–18 Uhr | 60 Kč)* patriotische Pilgerstätte und romantische Landpartie in einem. In *Ctiněves* (roter Wanderweg) gleich am Fuß des Říp gibt es Kleinigkeiten zum Bier in der Dorfkneipe *U praotce Čecha („Zum Urvater")* oder in der örtlichen *Minibrauerei* mit eigenen Spezialbieren *(beide Mo–Fr 17–22, Sa/So 11–22 Uhr, Brauerei Mo geschl.)* | 🕮 0

72 THERESIENSTADT (TEREZÍN)

1 Std. vom Wenzelsplatz, Metro C bis Nádraží Holešovice, weiter mit Bus vom Bussteig 7

Im 18. Jh. ließen die Habsburger die 50 km nördlich von Prag gelegene Festungsstadt als Bollwerk gegen die Preußen errichten. Nach der Besetzung Böhmens und Mährens machten die Nazis aus Theresienstadt ein Konzentrationslager: Die „Kleine Festung" wurde zum Gestapo-Gefängnis, die eigentliche Stadt zum Ghetto für zehntausende Juden. Die ursprünglichen Einwohner wurden ausgesiedelt. Mehr als 30 000 Menschen wurden in Theresienstadt ermordet, etwa 90 000 weiter in Vernichtungslager deportiert. Über das Schicksal der Inhaftierten und die katastrophalen Lebensverhältnisse im Ghetto zwischen 1941 und 1945 informiert das Ghetto-Museum *(voraussichtl. 2023–24 wg. Renovierung geschlossen)* sehr eindrücklich. Heute leben in Terezin rund 3000 Menschen.

Gedenkstätte Theresienstadt – Kleine Festung (April–Okt. tgl. 8–18, Nov.–März 8–16.30 Uhr | Principova alej 304); Ghettomuseum Theresienstadt (April–Okt. tgl. 9–18, Nov.–März 9–17.30 Uhr | Máchova 178); je 210 Kč, Kombiticket 260, Familie 500 Kč | pamatnik-terezin.cz | 🕮 0

ESSEN & TRINKEN

Jahrzehntelang simmerte die Prager Küche lustlos vor sich hin – nun werden Klassiker neu entdeckt. Es gab Zeiten, da war die böhmische Kochkunst weltberühmt. Wer zu k. u. k.-Zeiten etwas auf sich hielt, stellte eine Köchin aus Böhmen ein.

Alte Traditionen gingen in sozialistischer Gleichgültigkeit unter, auch nach der Wende dominierte in der Küche noch lange der Modus „billig, fettig, lieblos" – entlang der Touristenpfade gilt er bis heute. Während mit Sushi, Tapas oder Bagels die Spezialitäten der Welt in der tschechischen Hauptstadt Einzug gehalten haben, findet

Keine Lust auf Kaffee? Das Kaffeehaus Savoy ist auch für seine Weinauswahl bekannt

die Prager Küche erst in den letzten Jahren wieder zu sich. Inzwischen servieren viele Gasthäuser selbstbewusst und mit Stolz die böhmischen Klassiker wieder in perfekter Zubereitung.
Unter den Pragern steigen Kaufkraft und gastronomische Ansprüche. Das belebt die Szene. Zu den ehrwürdigen Kaffehäusern treten neue cool-urbane Loungecafés, Treffpunkte der Kreativen und digitalen Nomaden. Die neue Eckkneipe ist die Minibrauerei im Viertel mit industriellem Chic und Craft-Bieren. Denn unverändert gilt: Bier ist und bleibt das kulinarische Highlight Nummer eins.

WO PRAG ISST

Královská obora Stromovka
Bubeneč
Lokál ★
Evropská
Svatovítská
Hradčanská
Milady Horákové
PAŘÍŽSKÁ
Zum Eindruckschinden: noble Restaurants an Prags Edelmeile
Letenské sady
Hradčany
Malostranská
Josefov
Lokál ★
Hergetova Cihelna ★
Staré Město
Malá Strana
Slavia ★
Národní třída
Janáčkovo nábřeží
ALTSTADT
Gewusst wo: legendäre Bierschwemmen
KLEINSEITE
Essen in Prags schönster Ecke – mal deftig, mal delikat
Jiráskův most
Anděl

MARCO POLO HIGHLIGHTS

★ LA DÉGUSTATION BOHÊME BOURGEOISE
Böhmische Küche wird in dem Spitzenrestaurant in der Altstadt hervorragend neu und schmackhaft interpretiert ➤ S. 78

★ LOKÁL
Hier wurde die böhmische Kneipenseligkeit wiedergeboren – und das gleich in mehreren Filialen in der Stadt! ➤ S. 82

★ AROMI
Italienische Kochkunst idyllisch in Prags Weinbergen ➤ S. 76

★ SLAVIA
Kaffeehaus-Atmosphäre bei herrlicher Aussicht ➤ S. 76

★ HERGETOVA CIHELNA
Tafeln mit traumhaftem Blick auf die Karlsbrücke, da willst du gar nicht mehr gehen ➤ S. 78

CAFÉS

1 BITCOIN COFFEE

Laut dem US-Businessmagazin Forbes ist Prag eine der globalen Bitcoin-Metropolen. Der Beweis: dieses Café – das angeblich weltweit erste, in dem (seit 2014) ausschließlich mit der Kryptowährung bezahlt werden kann. Es ist Teil des Revolutions-Hubs *Paralelní Polis* – in den Hinterzimmern brüten Künstler und Hacker über Zukunftsvisionen der digitalen Gesellschaft. Ausgerechnet heute den Bitcoin-Brustbeutel im Hotel gelassen? Egal, am Eingang gibt's einen Krypto-Bankomaten. Kaffee und Snacks sind wohltuend analog. *Mo–Fr 8–20 Uhr | Dělnická 43 | bitcoincoffee.cz | Tram 1, 6, 12, 14, 25 Dělnická | Holešovice | K1*

INSIDER-TIPP Bitte ein Bitcoin

2 CUKRÁRNA MYŠÁK

Nach der Wende verschwand die Traditionskonditorei für 20 Jahre von der Bildfläche. Jetzt gibt es hier wieder alles, was das Nasch-Herz begehrt: unten Eis an einer großen Theke, im ersten Stock Kaffee und Kuchen in hübschem Ambiente. *Mo–Fr 7.30–19, Sa/So 9–19 Uhr | Vodičkova 31 | Metro A, B Můstek | Nové Město | G5*

3 ERHARTOVA CUKRÁRNA

Stilvolle funktionalistische Konditorei mit zwei Filialen und Tradition bis in die Vorkriegszeit. Köstliche Kuchen zu günstigen Preisen. *Tgl. 10–19 Uhr; Milady Horákové 56 | Straßenbahn 1, 8, 12, 25, 26 Letenské náměstí | Letná | G1; Vinohradska 125 | Straßenbahn 11, 13 Radhoštska | Vinohrady | L5*

4 CAFÉ IMPERIAL

Das originalgetreu renovierte Restaurant-Kaffeehaus mit Hotel ist ein Paradebeispiel für die Prager Jugendstil-Architektur. Unter den prachtvollen hohen Mosaikdecken kann man schon mal Zeit und Kuchen aus dem Blick verlieren. *Tgl. 7–23 Uhr | Na Poříčí 15 | Metro B Náměstí Republiky | Nové Město | H3*

5 KAVÁRNA LIBERAL

Noch ziemlich neu und trotzdem so, als wäre es schon immer da: junge zeitlos-altmodische Kaffeehaus-Kneipe mit Genius loci, Gastgarten und freundlicher Bedienung. Treffpunkt der jungen Prager Freidenker und Bartträger. *Mo–Fr 9–24, Sa/So 14–24 Uhr | Heřmanova 6 | Metro C Vltavská | Holešovice | H1*

6 LOUVRE

Obwohl im ersten Stock dem städtischen Treiben weitgehend entrückt, gehört das Louvre schon seit Kafkas Zeiten zu den ersten Adressen unter Prags Kaffeehäusern. Neben Torten und Speisen gibt's auch eine reichhaltige Frühstückskarte. Im stilvollen Nebenraum wird – vor allem abends – Billard gespielt. *Mo–Fr 8–23.30, Sa/So 9–23.30 Uhr | Národní třída 22 | Metro B Národní třída | Nové Město | F5*

INSIDER-TIPP Kaffee mit Queue

7 MONTMARTRE

Die ehemalige Kabarettbühne mit leichtem Kneipeneinschlag ist eine

Meine Tasse Kaffee: Im Muj šálek kávy ist sie besonders lecker

Prager Legende: Einst zählten Franz Kafka, Egon Erwin Kisch und Jaroslav Hašek zu den Stammgästen des Hauses. Heute verdebattieren hier Künstler, Studenten und Bohemiens den lieben langen Tag. Faire Preise, aber nur kleine Snacks zum Essen. *Mo–Fr 14–22, Sa/So 16–22 Uhr | Řetězová 7 | Metro A Staroměstská | Staré Město | F4*

8 MUJ ŠÁLEK KÁVY (MEINE TASSE KAFFEE)

Egal ob mit Laptop, bestem Freund oder nur auf einen schnellen Espresso: In diesem lässigen Direct-trade-Café findet jeder seinen Platz. Und wer will, auch köstliche Kuchen. *Mo–Sa 9–21, So 10–18 Uhr | Křižíkova 105 | Metro B Křižíkova | Karlín | K3*

9 CAFÉ OBECNÍ DŮM

In dem wunderschönen Café des Repräsentationshauses – bei schönem Wetter auch draußen – sitzen Prager Snobs neben Pauschaltouristen und Liebespaare neben Rentnern. Besonders empfehlenswert ist die Kühltheke mit ihrem fantastischen Kuchenangebot. *Tgl. 8–22 Uhr | Náměsti Republiky 5 | Metro B Náměstí Republiky | Staré Město | G4*

10 GRAND CAFÉ ORIENT

Hier gibt man sich gern die Kante: stilrein kubistisches Traditionskaffeehaus im 1. Stock des Hauses Zur Schwarzen Muttergottes mit ruhiger Atmosphäre. Hier sind sogar die Kringel *(věnečky)* eckig! *Mo–Fr 9–22, Sa/So 10–22 Uhr | Ovocný trh 19 | Metro B Náměstí Republiky | Staré Město | G4*

Kaffee und Kuchen gefällig? Beides genießt man stilvoll im Savoy

11 OVOCNÝ SVĚTOZOR

In dem von der Jugend geschätzten Eiscafé geht's zu wie in einem Taubenschlag. Mit dem gezapften Erdbeer-Bananen-Eis sind schon Generationen von Pragern aufgewachsen. Aus dem Laden in einer Passage am Wenzelsplatz kann man mit der Eistüte direkt in den Franziskanergarten spazieren. Für Hungrigere gibt´s auch Kuchen und belegte Brötchen. *Mo–Fr 8–20, Sa 9–20, So 10–20 Uhr | Vodičkova 39 | Metro A, B Můstek | Nové Město | G5*

12 SAVOY

Sehen und gesehen werden lautet hier das Motto. In dem hohen Raum mit Stuckdecke und großer Fensterfront tranken einst Literaten ihren Kaffee, heute vor allem gut betuchte Prager. Tolle Kuchen, aber auch die exzellente Küche und die Weinauswahl können sich sehen lassen. *Mo–Fr 8–22, Sa/So 9–22 Uhr | Vítězná 5 | Straßenbahn 9, 12, 15, 20, 22, 23 Újezd | Malá Strana | E5*

13 SLAVIA ★

Prags berühmtestes Kaffeehaus, immer noch Treffpunkt von Literaten. Das größte Plus des Art-déco-Cafés sind wohl seine großen Fenster: Sie eröffnen einen traumhaften Blick auf Moldau und Burg. Man kann hier auch sehr gut essen – begleitet von dezentem Klavierspiel und Blick auf das Gemälde vom „Absinth-Trinker", dem eine grüne Muse erscheint. *Tgl. 9–22 Uhr | Národní třída 1 | Straßenbahn 2, 9, 17, 18, 22, 23 Národní divadlo | Staré Město | F5*

INSIDER-TIPP
Nachtschwärmer-Legende

RESTAURANTS €€€

14 AROMI ★

Die Qualität dieses italienischen Restaurants im Stadtteil Vinohrady sprach sich unter den Pragern schnell herum. Spitzenküche, freundliche Bedienung und eine ständig wechselnde, sympathisch kurze Speisekarte. Für hausgemachte Pasta und sehr gute Fischgerichte bekannt. Unbedingt reservieren! Für Eilige und Selberkocher gibt es ein Bistro samt Delikatessenshop. *Mo–Sa 12–15 u. 17–23 Uhr | Bistro Mo–Fr 10– 23, Sa 17–22 Uhr |*

Unsere Empfehlung heute

Vorspeisen

PRAŽSKÁ ŠUNKA
Gepökelter Prager Beinschinken, oft mit křen (Meerrettich) warm oder kalt serviert

DRŠŤKOVÁ
Mit Majoran, Paprika und Knoblauch gewürzte Suppe aus Rinderkutteln

Kleines zum Bier

TLAČENKA
Presssack vom Schwein mit Essig und Zwiebeln

UTOPENEC
„Ersoffener"; sauer eingelegte Speckwurst mit Paprika und Zwiebeln; klassische Kneipenspezialität

PIVNÍ SÝR
Reifer Weichkäse, wird vom Gast selbst mit Zwiebeln, Gewürzen, Sardellen und etwas Bier zum Aufstrich zerdrückt

Hauptgerichte

SVÍČKOVÁ
Eingelegte Rinderlende mit Wurzelgemüse-Soße, Serviettenknödeln und Preiselbeeren

VEPŘOVÁ PEČENĚ
Schweinebraten mit Kraut und Knödeln – das Nationalgericht

MORAVSKÝ VRABEC
Rouladen aus Schweineschulterfleisch; mit Kümmel und Knoblauch angemacht

GULÁŠ
Schmorgulasch mit Serviettenknödeln

Desserts

PALAČINKY
Dünne Eierkuchen mit süßer Garnitur

TRDELNÍK
Auf Buchenstangen über der Glut gebackene Hefewickel

ŠVESTKOVY KNEDLÍK
Zwetschgenknödel; mit Semmelbröseln, Zucker und Zimt

Getränke

PIVO
Helles (svetlý), dunkles (černý) oder gemischtes (řezaný) Bier

BECHEROVKA
Milder Kräuterlikör mit Weihnachtsaroma

Lust auf ein *pivo*? Dann lohnt der Weg zur Brauerei des Klosters Strahov

Náměstí Míru 6 | Tel. 2 22 71 32 22 | Metro A Náměstí Míru | Vinohrady | 🕮 H6

15 HERGETOVA CIHELNA (HERGET-ZIEGELEI) ★

Exzellente Variationen der tschechischen und internationalen Küche. Wer einen der 150 Plätze auf der Terrasse der ehemaligen Ziegelei erwischt, wird es wegen des herrlichen Blicks auf Fluss und Karlsbrücke aber schwer haben, sich aufs Essen zu konzentrieren. *Tgl. 11.30–23 Uhr | Cihelná 2b | Tel. 2 96 82 61 03 | cihelna.com | Metro A Malostranská | Malá Strana | 🕮 E4*

16 KUYCHŇ (KÜCHE)

Schlicht wie der Name, raffiniert wie der Ort: Stilvoll tafeln mit atemberaubendem Blick über die Kleinseite im Palais Salm der Tschechischen Nationalgalerie. Nebenan hängt die Barocksammlung, hier werden im klassischen Geiste Omas einfache böhmische Standards modern und minimalistisch neu interpretiert. *Tgl. 12–22.30 Uhr | Hradčanské nám 1 | Tel. 7 36 15 28 91 | kuchyn.ambi.cz | Straßenbahn 22, 23 Pražský hrad | Hradčany | 🕮 D3*

17 LA DÉGUSTATION BOHÊME BOURGEOISE ★

Alte Rezepte, moderne Zubereitung und jede Menge Raffinesse: Hier wird eine große Tradition wieder „wachgekocht" – die böhmische Küche aus Habsburger Zeiten. Reservierung ist unerlässlich. *Tgl. 11.30–14 u. 18–24 Uhr | Haštalská 18 | Tel. 2 22 31 12 34 | ladegustation.cz/en | Metro A Staroměstská | Staré Město | 🕮 G3*

18 OBLACA

Panoramarestaurant mit Stil und Anspruch in 66 m Höhe. Viele Besucher genießen den Blick vom Fernsehturm auch nur bei einer Tasse Kaffee. *Mo 17–24, Di–So 9–24, Café bis 18 Uhr | Mahlerovy sady 1 | Tel. 2 10 32 00 86 | Metro A Jiřího z Poděbrad | Žižkov | K5*

19 LVÍ DVŮR (LÖWENHOF)

Das 1583 errichtete Gebäude steht unmittelbar vor dem Eingang zur Burg. Früher wurden hier im Hof Löwen gehalten, heute wird ein Böhmischer Rinderbraten serviert, die Spezialität der Küche. *Tgl. 11–23 Uhr | U Pražného mostu 51 | Tel. 2 24 37 23 61 | Straßenbahn 22, 23 Pražský hrad | Hradčany | D3*

20 U MODRÉ KACHNÍČKY (ZUM BLAUEN ENTLEIN)

Böhmische Küche auf hohem Niveau, in urigem Ambiente, zu vernünftigen Preisen. Neben allem von der Ente sind insbesondere die Wildgerichte zu empfehlen. *Tgl. 12–23 Uhr | Nebovidská 6 | Tel. 2 57 32 03 08 | umodrekachnicky.cz | Straßenbahn 12, 20, 22, 23 Hellichova | Malá Strana | E4*

RESTAURANTS €€

21 BREDOVSKÝ DVŮR

Hier wird vor allem Deftiges serviert – wie Eisbein oder Rindersteaks. Die Braustube liegt in einer Nebenstraße des Wenzelsplatzes und ist bei Sportfans beliebt: Auf einer Leinwand werden regelmäßig Fußball- und Eishockeyspiele übertragen. Im Sommer kannst du auch im Innenhof sitzen. *Mo–Sa 11–24, So 11–23 Uhr | Politických vězňů 13 | Tel. 2 24 21 54 27 | Metro A, B Můstek | Nové Město | H4*

22 KANTYNA

Fleisch, Grill, Bier und ein paar allernötigste Beilagen. Alles in hervorragender Qualität und reichhaltiger Auswahl. Das schlicht-stylishe Metzgereirestaurant spielt bewusst mit dem Edelstahlcharme einer Essensausgabe. Vegetarier gehen besser gleich woandershin. Alle anderen sollten spätestens hier eine Kuttelflecksuppe *(dršťková polévka)* aus fein geschnittenem Rindermagen probieren. *Mo–Sa 11.30–23, So 11.30–22 Uhr | Politických vězňů 5 | kantyna.ambi.cz | Metro A, C Muzeum | Nové Město | H5*

23 KOČÁR Z VÍDNĚ (KUTSCHE AUS WIEN)

Ein bisschen Habsburg geht immer: traditionelle Wiener Küche, von Tafelspitz bis Sachertorte, im historischen Sächsischen Hof gleich unterhalb der Karlsbrücke. Für die Geschichtsvergessenen gibt's auch Burger und Tagliatelle. *Tgl. 11–23 Uhr | Saská 3 | Tel. 7 77 04 37 93 | kocarzvidne.cz | Straßenbahn 12, 15, 20, 22, 23 Malostranské náměstí | Malá Strana | E4*

24 KLÁŠTERNÍ PIVOVAR STRAHOV

Auf dem Gelände des Strahov-Klosters wird seit Jahrhunderten Bier gebraut und getrunken: Ungefiltert und nicht pasteurisiert ist das „St. Norbert" ein echter Genuss. Dazu wird deftige böhmische Küche serviert. *Tgl. 10–22 Uhr | Strahovské nádvoří 301 | Tel. 233353155 | Straßenbahn 22, 23 Pohořelec | Hradčany | C4*

25 LA FARMA

Hier ist man wirklich zu Gast: kleines, eigentümergeführtes Restaurant abseits der touristischen Rummelplätze – behaglich, mit Seele und Stil. Chef Michal Pagáč setzt auf erstklassige lokale Zutaten und präzise Verarbeitung. Ausgezeichnete Qualität zu sehr fairen Preisen. *Mo–Fr 11–22 Uhr | Čáslavská 5 | Tel. 725466555 | lafarma.cz | Metro A Flora | Vinohrady | L5–6*

INSIDER-TIPP
Freude für Gaumen und Geldbeutel

26 MALOSTRANSKÁ BESEDA

Internationale und böhmische Küche im Brauhausambiente direkt am quirligen Kleinseitner Platz. Auch günstige Mittagsmenüs sind zu haben. *Tgl. 11–23 Uhr | Malostranské náměstí 21 | Tel. 257409112 | Straßenbahn 12, 15, 20, 22, 23 Malostranské náměstí | Malá Strana | E4*

27 OLYMPIA

Moderne Braustube mit einer reichhaltigen Speisekarte und sehr guter böhmischer Küche. Bist du nach Gulasch mit Knödeln, Hirschsteak oder Ente mit Kraut noch hungrig, solltest du ein Dessert probieren, z. B. Johannisbeer-Käsekuchen. *Mo–Sa 11–24, So 11–23 Uhr | Vítězná 7 | Tel. 251511080 | Straßenbahn 9, 12, 15, 20, 22, 23 Újezd | Malá Strana | E5*

28 POTREFENÁ HUSA (ANGESCHOSSENE GANS)

Gestyltes Bar-Restaurant. Wer sich vom relativ hohen Lautstärkepegel nicht stören lässt, kann hier wirklich gut essen: von köstlichen Snacks bis zur außen knusprigen, innen saftigen Ente mit Kraut und Speckknödel. *So–Do 11–24, Fr/Sa 11–1 Uhr | Platnéřská 9 | Tel. 224813892 | Metro A Staroměstská | Staré Město | F4*; auch unweit des *Pulverturms: Mo–Do 11–23, Fr/Sa 11–24, So 11–22 Uhr | Dlážděná 7 | Tel. 224243631 | Metro B Náměstí Republiky | Nové Město | H4*

29 RESTAURACE ČERTOVKA

Der Weg ist das Ziel: Zu der idyllisch verstecken Terrasse unmittelbar am Moldauufer führt Prags engstes Sträßchen, eine ehemalige Brandschutzgasse. Weil hier nicht einmal zwei Erwachsene aneinander vorbeikommen, regelt die seltsamste Fußgängerampel der Stadt den (Gegen-)Verkehr. Gekocht wird anderswo besser (und günstiger) – für einen Aperitif in romantischer Kulisse ist das aber ein guter Ort. *Mi–Sa 10.30–22 Uhr | U Lužického semináře 24 | Tel. 257532205 | Metro A Malostranská | Malá Strana | E4*

30 U SEDMI ŠVÁBŮ (BEI DEN SIEBEN SCHWABEN)

In dem urigen Kellergewölbe, nur ein paar Schritte vom Hradschin entfernt, lernst du die guten Seiten des Mittelalters kennen – in Form von deftig-rustikalen Speisen nach altböhmischen Rezepten. Serviert werden u. a. Griebenschmalz mit Äpfeln und Zwiebeln, Mandelpastete, Schweinshaxe, Hirschkeule und auf Vorbestellung Spanferkel. *Mi/Do 12–23, Fr–So 11–23 Uhr | Jánský vršek 14 | Tel. 257531455 | Straßenbahn 12, 15, 20, 22, 23 Malostranské náměstí | Malá Strana | D4*

31 V KOLKOVNĚ (STEMPELBEHÖRDE)

Das gemütliche Lokal in der Nähe des Altstädter Rings bietet deftige böhmische Küche wie Speckwürste, Presskopf und Ente mit Kraut, aber auch Burger, Steaks und Pasta werden serviert. *Tgl. 11–24 Uhr | V kolkovně 8 | Tel. 224819700 | Metro A Staroměstská | Staré Město | G3*

32 VYČEP (AUSSCHANK)

Moderner, heller Gastropub für ein paar *dalešicer*-Biere oder ein ausgezeichnetes Abendessen. Die einfachen alten Rezepte der Großmutter aus der mährischen Walachei werden hier mit besten Zutaten und auch mal mit einem Hauch Trüffel edel neu interpretiert. Zum Nachtisch passt Lebkuchenpudding mit Nussstreusel perfekt zum dunklen Rauchbier. *Mo–Fr 11–23, Sa 12–23, So 12–16 Uhr | Korunní 92 | Tel. 720120100 | vycepkorunni.cz | Straßenbahn 10, 16 Perunova | Vinohrady | K6*

RESTAURANTS €

33 A DIVADLO POKRACUJE (UND DAS THEATER GEHT WEITER)

Der Nachfolger der Kleinseitner Kneipeninstitution „Zum aufgehängten Kaffee" tendiert zum Restaurant mit idyllischer Terrasse. Geblieben ist rustikale Küche, die figurale Deko aus der Feder von Künstler-Wirt Kuba Krejčí und die Sitte, dass Gäste an der Theke einen Kaffee für mittellose Habitués vorab bezahlen können. *Tgl. 11–24 Uhr | Loretánská 13 | Tel. 733483900 | pokrakuje.com | Straßenbahn 22, 23 Pohořelec | Hradčany | D3–4*

INSIDER-TIPP
Kaffee mit Herz

34 ZLATÝ KŘÍŽ

Stehimbiss und Prager Feinkostklassiker: Hier ist alles, wie es schon im-

Traditionell: Ente mit Knödel und Rotkohl

mer war, allem voran die überbordenden Theken mit der tschechischen Fast-Food-Alternative *chlebíčky*, kleine, dick mit verschiedenen Leckereien belegte Baguettescheiben; immer dabei: Mayonnaise. *Mo–Fr 7–18.30, Sa 10–16 Uhr | Jungmannova 34 | Metro A, B Můstek | Nové Město | G4*

INSIDER-TIPP
Böhmisches Fingerfood

35 LEHKÁ HLAVA (LEICHTER KOPF)

In der wohl kürzesten Gasse Prags gelegen, bietet das etwas wunderlich eingerichtete Restaurant ausschließlich Vegetarisches. Harten Alkohol gibt es hier nicht, dafür aber frische Säfte. Sehr lecker! *Mo–Fr 11.30–22.30, Sa 12–22.30, So 12–22 Uhr | Boršov 2/280 | Tel. 222220665 | Straßenbahn 2, 9, 18, 22, 23 Národní divadlo | Staré Město | F4* oder die Filiale namens *Maitrea (Týnská 6 | Tel. 221711631 | Metro A Staroměstská | Staré Město | G3–4)*

36 LOKÁL ★

So sahen in den 1960er-Jahren tschechische Kneipen aus: nüchterne Holzbänke, bedruckte Tapeten, gestickte Gardinen. Das Lokál huldigt dieser Zeit – mit zwei entscheidenden Abweichungen: Die Kellner sind freundlich, und das Essen ist exzellent. Einfache böhmische Kneipenküche aus regionalen Zutaten, dazu frisches Pilsener aus dem Tank – was will man mehr? Diese Gemütlichkeit findet sich in gleich mehreren Filialen. *Mo–Sa 11–24, So 11–22 Uhr | Dlouhá 33 | Tel. 222316265 | Metro B Náměstí Republiky | Staré Město | G3*; auf der Kleinseite: *Mo–Sa 11–24, So 11–23 Uhr | Míšeňská 12 | Tel. 257212014 | Straßenbahn 12, 15, 20, 22, 23 Malostranské náměstí | Malá Strana | E4*; auf der Letná: *Mo–Sa 11.30–23.30, So 11.30–22.30 Uhr | Nad Královskou oborou 31 | Tel. 220912319 | Straßenbahn 1, 8, 12, 25, 26 Sparta | Letná | F1*

37 OSSEGG PIVOVAR & RESTAURACE

Der aus Westfalen stammende Pfarrer Philipp Irmer hat sich im gottesfernen Nordböhmen die Sorge um gleich mehrere verwaiste Wallfahrtsorte aufgeladen. Als guter Katholik hat er auch die Erneuerung der Klosterbrauerei in Osek nicht vergessen. Das 12-grädige Lagerbier „Philipp" trägt seinen Namen und ist im stilvoll-modernen Brauerei-Ausschank endlich auch in Prag zu haben – begleitet von hochwertiger böhmischer Küche in junger Auffassung. *Mo–Sa 11–23 Uhr | Římska 45 | Tel. 603264390 | prahaossegg.com | Metro A Náměstí Míru | Vinohrady | H5*

38 PIVOVARSKÝ DŮM

Prager Brauhausatmosphäre gefühlvoll modernisiert, mit klassischer tschechischer Küche und einer wechselnden Auswahl an Bieren frisch aus der hauseigenen Minibrauerei – von traditionell hopfig bis experimentell fruchtig. *Tgl. 11–23.30 Uhr | Lípová 15/Ječná | Tel. 296216666 | pivovarskydum.com | Straßenbahn 4, 6, 10, 16, 22, 23 Štěpánská | Nové Město | G6*

39 SISTERS

Das Motto der beiden Schwestern, die diesen Imbiss führen, lautet „Good food fast". Im Mittelpunkt: *chlebíčky*, die in Tschechien so beliebten belegten Weißbrotscheiben. Hier gibt es sie aufgemotzt, nicht ganz so mayonnaiselastig wie sonst und richtig lecker. *Mo–Fr 8–20, Sa 9–18 Uhr | Dlouhá 39 | chlebicky-praha.cz | Metro B Náměstí Republiky | Staré Město | G3*

40 U JINDŘIŠSKÉ VĚŽE

INSIDER-TIPP
Schmelztiegel Gulaschsuppe

Böhmischer Klassiker unweit des Wenzelsplatzes. Hier kommen sie alle hin – vom Handwerker bis zum Schlipsträger, besonders zur Mittagszeit. Solide Küche, herrliches Bier. *Mo–Sa 11–23, So 11–22 Uhr | Jindřišská 24 | Tel. 7 24 54 56 42 | Straßenbahn 3, 5, 6, 9, 14, 24 Jindřišská | Nové Město | H4*

41 U KOCOURA (ZUM KATER)

So sieht Retro aus, wenn es nicht hip gemeint ist: schlichtes Biergewölbe mit reichlich Patina – eine der letzten anständigen Kneipen zwischen den Klimbimläden des Königswegs. *Tgl. 12–22.30 Uhr | Nerudova 2 | Tel. 2 57 53 01 07 | Straßenbahn 12, 15, 20, 22, 23 Malostranské náměstí | Malá Strana | E4*

Welchen Kater der Name U Kocura (Zum Kater) zu später Stunde wohl meint?

42 U PARLAMENTU

Urige Altstadtkneipe, in der die Prager noch in der Überzahl sind. Einfache, günstige böhmische Küche, dazu frisches Pilsener Urquell. *Tgl. 11–23 Uhr | Valentinská 8 | Tel. 7 21 41 57 47 | Metro A Staroměstská | Staré Město | F4*

SHOPPEN & STÖBERN

Bücher, Bier und bunte Sachen: Lass Platz im Koffer – es gibt viel mitzubringen aus der böhmischen Hauptstadt. Bist du auf der Suche nach traditionellen tschechischen Souvenirs, hältst du dich an die klassische Touristenroute zwischen Karlsbrücke und Pulverturm. Doch Einkaufen in Prag, das bedeutet heute vor allem: moderne Shoppingcenter und edle Boutiquen.

Erste Adresse für einen Schaufensterbummel ist die *Pařížská*. Die elegante Straße zwischen Altstädter Ring und Moldau mit ihren üppigen Jugendstilfassaden zählt zu den teuersten Luxusadressen in

Essen, Shoppen, Ausgehen: Das Palladium bietet alles unter einem Dach

Europa. Läden für den kleineren Geldbeutel sowie große Buchhandlungen finden sich am *Wenzelsplatz* und in den Straßen *Národní třída* und *Na příkopě*. Schon wegen des prunkvollen Interieurs der alten Paläste lohnt sich hier der Blick in die eine oder andere Boutique *(z. B. Na Příkopě Nr. 4 oder Nr. 8)*. Eine Prager Spezialität sind die zahlreichen Passagen aus dem frühen 20. Jh. Ihre moderne Fortsetzung finden sie in gigantischen Einkaufstempeln wie dem *Palladium:* 200 Läden und Restaurants sind hier unter den Dächern einer alten Kaserne versammelt, für viele der siebte Einkaufshimmel.

WO PRAG SHOPPT

MARCO POLO HIGHLIGHTS

★ **LUXOR**
Bücher, Bücher, Bücher – für alle Lebenslagen in vielen Sprachen ➤ S. 88

★ **PALLADIUM**
Prags pompösester Konsumtempel: Mehr Shopping geht nicht ➤ S. 91

★ **POHÁDKA**
Spielzeug, das nicht nur Kinderherzen höher schlagen lässt ➤ S. 91

★ **HAVELSKÝ TRH**
Einer der ältesten Wochenmärkte der Stadt ➤ S. 92

★ **BAT'A**
Berühmte Schuhe – direkt aus dem Stammhaus ➤ S. 92

★ **MODERNISTA**
Möbel aus 100 Jahren Design „Made in Czech Republic“ ➤ S. 90

Milady Horákové
Holešovice
nábřeží Kapitána Jaroše
Hlávkův most
Vltava
Wilsonova
PAŘÍŽSKÁ
Nobelboutiquen – ein Hauch von Paris für die Gutbetuchten
NÁMĚSTÍ REPUBLIKY
Shoppingmall, Freiluftmarkt und Retro-Architektur im Waben-Kaufhaus Kotva
Náměstí Republiky
Palladium
Pohádka
Havelský trh
NA PŘÍKOPĚ
Einst der Stadtgraben, heute Prags zentrale Einkaufsmeile
Praha hlavní nádraží
Bat'a
Můstek
Luxor
Národní třída
Riegrovy sady
Muzeum
Mezibranská
Nové Město
Žitná
Ječná
Modernista
Náměstí Míru
Legerova
Sokolská
PASSAGEN UM DEN WENZELSPLATZ
Nicht nur für Regentage: Boutiquen und versteckte Bistros
500 m
547 yd

BÜCHER

1 ARCO

In dieser kurzen Straße gibt's gleich zwei Antiquariate mit reichen Beständen: auch deutsche Klassiker, alte Fotos und Filmplakate. *Dlážděná 4 | antikvariaty.cz | Metro B Náměstí Republiky | Nové Město | H4*

2 GLOBE

Buchladen, Café, Kino oder Kleinkunstbühne? Globe ist alles zusammen – und vor allem Treffpunkt für ausländische Prager, die sich mit dem Tschechischen noch etwas schwer tun. *Mo–Fr 10–24, Sa 9.30–24, So 9.30–22 Uhr | Pštrossova 6 | globebookstore.cz | Metro B Národní třída | Nové Město | F5*

3 LUXOR ★

Der *Palác knih* (Bücherpalast) macht seinem Namen alle Ehre: Mit rund 85 000 Titeln in vier Stockwerken ist er der größte Buchladen der Stadt. Für Touristen sind besonders die Fremdsprachen- und die Pragensia-Abteilung interessant. Außerdem gibt es Kunstbände und Bilderbücher für Kinder. *Václavské náměstí 41 | Metro A, B Můstek | Nové Město | G5*

4 VITALIS

Größtes Angebot deutschsprachiger Bücher in und über Prag, die meisten davon im eigenen Verlag erschienen. Der Laden könnte passender nicht sein: Das Haus Nr. 22 im Goldenen Gässchen bewohnte einst Franz Kafka. *Zlatá ulička 22 | vitalis-verlag.com | Straßenbahn 22, 23 Pražský hrad | Hradčany | E3*

INSIDER-TIPP
Geistreich shoppen

WOHIN ZUERST?

Die Shopping-Meile der Stadt ist der **Graben (Na příkopě)** und in seiner Verlängerung die **Národní**. Wem das an Auswahl noch nicht genügt, geht auf den **Wenzelsplatz** mit noch mehr Geschäften: von diversen Klamotten-Ketten bis hin zum Schuhhaus Baťa. Eine Art Champs Élysées im Miniformat ist die **Pariser Straße (Pařížská)**, in der eine Edelboutique internationaler Modemarken auf die andere folgt. Ein paar Ecken weiter (**Dušní** und **Dlouhá**) haben tschechische Modedesignerinnen ihre Läden.

CDS, TON & BILD

5 SUPRAPHON MUSIC POINT

Store des größten und ältesten tschechischen Musikverlags Supraphon im Schlögl-Haus, gleich neben Prags bekanntester Musikalienhandlung. Hier gibt's eine große Auswahl an CDs, DVDs und Vinyl – der Schwerpunkt liegt auf der tschechischen Szene, aber auch Internationales ist im Angebot. Ein schönes Souvenir aus der Mozart-Stadt Prag sind die Klassik-Einspielungen von Supraphon, oft mit Spitzeninterpreten und -ensembles zu immer noch günstigen Preisen. Digital Natives finden im E-Shop große

INSIDER-TIPP
Klassik mit Klasse

Teile des Labelarchivs zum Download für kleines Geld – inklusive skurriler Raritäten wie Slava Kunsts Blasmusik-Opus „Im schönen Prag" mit unfreiwilligen deutschen Gaga-Texten. *Jungmannovo náměstí 17 | supraphon.cz | Metro A, B Můstek | Nové Město | G4*

DELIKATESSEN

6 BARTIDA DEGUSTATION

INSIDER-TIPP **Anstoßen mit Schwejk**

Schnaps-Boutique für höchste Ansprüche. Hier gibt's u.a. den fast ausgestorbenen Schwejk-Schnaps „Kontušovka" und das restliche Sortiment der tschechischen Edelbrennerei Žufánek. Wer unschlüssig ist, probiert in der zugehörigen Bar einfach alles. *Tgl. 12–22 Uhr | Havelská 25 | bartida-praha.cz | Metro A, B Můstek | Staré Město | G4*

7 GALERIE PIVA (BIERGALERIE)

Dutzende Sorten Bier vor allem aus tschechischen Klein- und Minibrauereien – zum Gleich-hier-Trinken, zum Mitnehmen oder als Proviant beim Schlendern über die Partymeile Krymska. *Tgl. 14–22 Uhr | Krymská 36 | galeriepiva.cz | Straßenbahn 4, 13, 22 Ruská | Vršovice | K6*

8 LA BOTTEGA BISTROTEKA

Knödeloverkill? Hier gibt's die feinsten italienischen Delikatessen, zum Mitnehmen oder fertig angerichtet im Bistro. In der Passage verstecken sich noch weitere Feinkost-Entdeckungen. *Mo–Sa 9–23, So 9–22 Uhr | Dlouhá 39 | labottega.cz | Straßenbahn 6, 8, 15, 26 Dlouhá třída | Staré Město | G3*

Im Vitalis wohnt noch immer Kafkas Geist

9 RIEGROVO LAHŮDKÁŘSTVÍ

Klassische Prager Delikatessenhandlung mit Snacks, reich belegten *chlebíčky*-Brötchen und allem, was man selchen und räuchern kann – fürs zweite Frühstück oder ein Sonnenscheinpicknick am Moldaukai gleich gegenüber. *Mo–Fr 7.30–18 Uhr | Masarykovo nábřeží 4 | Straßenbahn 5, 17 Jiráskovo nám. | Nové Město | F5*

DESIGN & KUNST

10 ARTĚL

Die US-amerikanische Designerin Karen Feldman ist mit ihrer Prager Glasmanufaktur Trendsetterin in Sachen tschechisches Kristallglas. Hier findest du handgemachte Glaskunst im modernen Design. *Do–Mo 10–18 Uhr | U lužického semináře 7 | Metro A Malostranská | Malá Strana | E4*

11 GALERIE JIŘÍ ŠVESTKA

Der sympathische Händler hat nicht nur ein Faible für neue Kunst aus der Alten Welt, sondern auch ein Händchen dafür. Die Galerie ist eine wichtigen Drehscheibe im Osten Mitteleuropas. *Mi–Fr 14–18, Sa 11–18 Uhr | Janáčkovo nábř. 5 | jirisvestka.com | Metro B, C Florenc | Smíchov| E6*

12 HARDDECORE DESIGN GALLERY

Schmuck, Glas, Porzellan sowie Accessoires sund Mode – alles von jungen tschechischen und internationalen Designern. *Senovážné náměstí 10 | harddecore.cz | Straßenbahn 3, 5, 6, 9, 14, 24 Jindřišská | Staré Město | H4*

13 MANUFAKTURA

Hier gibt es die größte Auswahl an Kunsthandwerk aus Böhmen und Mähren. Im historischen Stadtkern stößt man alle paar Meter auf eine der Filialen, deren Angebot von handgemachter Seife über Keramik bis hin zu Papier reicht. Besonders schön ist das traditionelle Holzspielzeug: Murmelbahnen, Puzzles oder Puppen – geschmackvoll und nicht teuer. Geschäfte rund um den Altstädter Ring: *Melantrichova 17 | Karlova 26 | Celetná 11 | Metro A Staroměstská | Staré Město | F–G4*. Geschäft unweit des Kleinseitner Rings: *Mostecká 7 | Straßenbahn 12, 15, 20, 22, 23 Malostranské náměstí | Malá Strana | E4*

14 MODERNISTA ★

Funktionalistisches tschechisches Möbeldesign – Sessel, Lampen, aber auch

Keiner wie der andere, aber alle bringen Glück: Schornsteinfeger bei Manufaktura

Porzellan wie aus Uromas Wohnzimmer. Eine atmosphärische Einheit mit den gegenüberliegenden Wolschaner Friedhöfen. *Vinohradská 164 | modernista.cz | Metro A Flora | Vinohrady | M5*

15 MOSER

Gläser mit Goldrand oder farbig, Vasen mit kunstvollen Gravuren: Mit den edlen Stücken der berühmten westböhmischen Glas- und Keramikdynastie statten sich bis heute Königshäuser und Superreiche aus. Angucken kostet ja nichts – und ansonsten ist auch zweite Wahl im Angebot. *Na Příkopě 12 | Metro A, B Můstek | Nové Město | G4*

16 POHÁDKA (MÄRCHEN) ★

Tschechische Legenden, ganz handzahm: Im Geschäft von Jiří Kopecký gibt es den Soldaten Schwejk aus Filz, den Maulwurf aus der „Sendung mit der Maus" als Handpuppe, den Kater Mikesch als Marionette und, und, und. *Celetná 32 | Metro B Náměstí Republiky | Staré Město | G4*

17 PRAGTIQUE

Nicht immer praktisch, aber ganz sicher pragerisch: Junge tschechische Designer treten dem Souvenirkitsch der Touristenmeilen mit Witz und Geschmack entgegen – hier findest du Mitbringsel, die zu Hause noch Freude machen. Online aussuchen auf *pragtique.cz* und offline abholen im *Café Roesel, Mostecká 20 | Straßenbahn 12, 15, 20, 22, 23 Malostranské náměstí | Malá Strana | E4*

KAUFHÄUSER

18 BÍLÁ LABUT' (WEISSER SCHWAN)

Funktionalistischer Kaufhauskasten von 1939 mit Prags erster Rolltreppe – einst Avantgarde, heute in puncto Architektur und Angebot ein Retrotrip. *Na Poříčí 23 | Metro B, C Florenc | Nové Město | H3*

19 KOTVA (ANKER)

Saniert und neu sortiert trotzt das Kaufhaus im ikonischen 1970er-Jahre-Stahlbetonbau der „jungen" Konkurrenz in Form des Palladiums. Es führt auch tschechische Produkte. *Náměstí Republiky 8 | Metro B Náměstí Republiky | Staré Město | G3*

20 MY NÁRODNÍ

Für seine glasdurchbrochene Rolltreppenfassade bekam das 1975 als „Máj" eröffnete Haus sogar einen Architekturpreis. Heute bietet eine britische Handelskette hier ihr breites Sortiment an. *Národní třída 26 | Metro B Národní třída | Nové Město | G4–5*

21 PALLADIUM ★

Zu k.u.k.-Zeiten eine Kaserne, heute laut Eigenwerbung eines der größten innerstädtischen Einkaufszentren Mitteleuropas: Im Palladium warten rund 180 Läden sowie 20 Restaurants und Bars auf die Kunden. Wer verstehen will, wie sehr Prag boomt, sollte einen Blick in diesen Konsumtempel werfen. *Náměstí Republiky 1 | palladiumpraha.cz | Metro B Náměstí Republiky | Nové Město | H3*

MÄRKTE

22 HAVELSKÝ TRH (HAVELMARKT) ★

Einer der ältesten Märkte; er führt heute vorrangig günstiges Gemüse, Holzspielzeug und Schmuck. Wer hier nicht fündig wird, hat es auch anderswo schwer. *Mo–Sa 7–19, So 8–18.30 Uhr | Havelská | Metro A, B Můstek | Staré Město | G4*

23 PRAŽSKÁ TRŽNICE (PRAGER MARKT)

Auf dem ehemaligen Schlachthofgelände bekommst du vor allem Freizeitkleidung, Technik asiatischer Bauart und allerlei Krimskrams. Außerdem gibt es einige Foodtrucks und in Halle 22 einen Wochenmarkt mit Frischwaren von Bauer und Metzger und diversen Köstlichkeiten. *Mo–Mi u. Fr 8–17, Do 8–19, Sa 8–14 Uhr | Bubenské nábřeží 13 | Metro C Vltavská | Holešovice | J2*

24 BLEŠÍ TRHY (FLOHMARKT)

Der nordöstliche Stadtteil Vysočany war früher das Prager Industrierevier. Gleich neben dem Hauptsitz des ehemaligen tschechoslowakischen Elektrotechnik-Giganten Tesla findet heute Prags größter Flohmarkt statt – eine echte Fundgrube. *Sa/So 6–14 Uhr | 20 Kč | U Elektry 7 | Straßenbahn 8, 25 U Elektry | Vysočany | (0*

25 FARMÁŘSKÉ TRHY (BAUERNMÄRKTE)

Gemüse frisch vom Erzeuger: Das war in Prag lange nicht im Angebot. Doch inzwischen ist gesunde Ernährung auch im Knödel-Land Tschechien ein wichtiges Thema, Bauern- und Regionalmärkte liegen im Trend. *Náměstí Republiky (März–Nov. Mo–Fr 9–20 Uhr | Metro B Náměstí Republiky | Nové Město | H4); Náměstí Jiřího z Poděbrad (März–Okt. Mi–Fr 8–18, Sa 8–14 Uhr | Metro A Jiřího z Poděbrad | Vinohrady | J5)* und direkt am Moldauufer unterhalb des Palackého náměstí *(März–Okt. Sa 8–14 Uhr | Metro B Karlovo náměstí | Nové Město | F6)*

MODE & SCHMUCK

26 BAT'A ★

In kaum einer europäischen Fußgängerzone fehlt ein Schuhgeschäft des im mährischen Zlín geborenen Tomáš Bat'a (1876–1932). Am Wenzelsplatz steht das Prager Stammhaus der weltweiten Kette – mit preisgünstigen Angeboten. *Václavské náměstí 6 | bata.com | Metro A, B Můstek | Nové Město | G4*

27 BEATA RAJSKÁ

Hier gibt's Mode, die man tragen kann: schlicht und raffiniert, direkt aus dem Atelier. *Dlouhá 3 | beatarajska.cz | Metro A Staroměstská | Staré Město | G3*

28 BELDA

Das junge Team um Designer Jiří Belda kreiert modernen Schmuck aus Silber und Titan. Klare und geometrische Formen sind das Markenzeichen des Belda-Stils. Nach telefonischer Anmeldung *(Tel. 732711146)* präsentiert man gerne die aktuelle Kollektion. *Nad Královskou oboru 11 | belda.*

cz | Straßenbahn 1, 2, 8, 12, 25, 26 Letenské nám. | Letná | G1

29 BOHEMIAN RETRO

Hier lebt die Tschechoslowakei noch einmal auf – und zwar in Form von Klamotten, Sonnenbrillen, Schmuck, Porzellan oder Knöpfen aus den 1930er- bis 1970er-Jahren. Eine Fundgrube für Nostalgiker! *Mi–Sa 12–17 Uhr | Chvalova 8 | bohemianretro.com | Metro A Jiřího z Poděbrad | Žižkov | K4*

30 BOUTIQUE TATIANA

Tatiana Kovaříková, eine prominente Prager Designerin, schneidert mit Vorliebe schlichte Filmkostüme. *Dušní 1 | tatiana.cz | Metro A Staroměstská | Staré Město | G3*

31 KLÁRA NADEMLÝNSKÁ

Nach sieben Jahren in Paris begann Klára Nademlýnská 1997 luxuriöse Damenkonfektion zu entwerfen. Sie setzt vor allem auf junge Mode in Unifarben. *Dlouhá 3 | klaranademlynska.com | Metro A Staroměstská | Staré Město | G3*

32 LA FEMME MIMI

Mit 16 kam die Vietnamesin Mimi Nguyen Hoang Lan nach Prag. Weil sie kaum Kleidung in ihrer Größe 34 fand, fing sie an zu schneidern – und kam mit ihrem bunt-eleganten Stil an. Inzwischen bringt sie Kollektionen für Frauen heraus. Pfiffig und günstig! *Štěpánská 53 | lafemmemimi.com | Metro A, B Můstek | Nové Město | G5*

33 REJOICE

Bunt karierte Baumwollstoffe sind das Markenzeichen dieser tschechi-

Bunte Dahlien und Astern: Bauernmarkt auf dem Poděbrad-Platz

schen Outdoor-Mode „made by People in the Czech Republic" – so heißt es auf den Schildchen in den T-Shirts, Hosen, Mützen, Hemden und Jacken. Gerade bei jungen Tschechen sind die farbenfrohen Freizeitklamotten äußerst beliebt. *Jindřišská 30 | rejoice.cz | Metro A, B Můstek | Nové Město | H4*

34 BOHEMANIA

Wie wär's mal mit Betonohrringen? Winzige und witzige Boutique mit farbenfroher Mode und Accessoires aus Tschechien und der Welt, versteckt in einem zauberhaften Barock-Altan mitten im Franziskanergarten. *Wechselnde Öffnungszeiten | Jungmannovo náměstí 18 | bohemania.com | Metro A, B Můstek | Nové Město | G5*

AUSGEHEN & FEIERN

Noch vor wenigen Jahren wurden in Prag bereits um 22 Uhr die Bürgersteige hochgeklappt. Im real existierenden Sozialismus war die Nacht zum Schlafen da. Das ist kaum mehr vorstellbar. Heute kann rund um die Uhr gefeiert werden.

In Sachen Musik lässt Prag niemanden kalt. Klassikfans bieten sich die Säle des Rudolfinums und des Repräsentationshauses an, für die Oper gibt es gleich drei Bühnen. Vielfältig und spannend ist die Clubszene – von Jazz bis Elektronik. Und längst steht die Stadt auch auf den Tourneelisten internationaler Stars.

Party gefällig? Im Club Radost FX tanzt der Bär

Das Schwarze Theater ist ein Klassiker – meist ohne Worte, oft aber sehr touristisch. Eine Aufführung schaut man sich deshalb am besten in der *Laterna magika* an, Schwarzlichttheater wird hier mit Film und Pantomime zu einem – in Cyberspacezeiten etwas nostalgisch angehauchten – Gesamtkunstwerk. Auch Kino geht ohne Sprachkurs, internationale Filme laufen oft im Original. Der klassische Prager Abend gehört aber der *hospoda,* der Kneipe. Bohumil Hrabal (1914–97), der Verfasser bierselig-skurriler Geschichten, liefert das Alibi: „So eine heiser geschriene Kneipe ist eine kleine Universität."

WO PRAG AUSGEHT

MARCO POLO HIGHLIGHTS

★ **LUCERNA MUSIC BAR**
Keller-Klassiker im Passagen-Palast
➤ S. 100

★ **RUDOLFINUM**
Exzellente Klangkörper in perfekter Akustik ➤ S. 103

★ **U FLEKŮ**
Weltweit bekannte Bierschwemme mit Verbrüderungsgarantie ➤ S. 105

★ **U ZLATÉHO TYGRA**
Im „Goldenen Tiger" stillt der böhmische Löwe seinen Durst ➤ S. 106

★ **REDUTA**
Wo der Jazz das Licht der Moldaustadt erblickte ➤ S. 103

★ **ROXY**
Für eine Legende ganz schön lebendig
➤ S. 102

HOLEŠOVICE
Coole Clubs und neue Bars im ehemaligen Industrieviertel
ŽIŽKOV
Kneipenviertel mit rauem Underground-Charme
KRYMSKÁ
Angesagte Szenemeile mit Hipster-Flair
UM DEN NÁMĚSTÍ MÍRU
Stilvoll absacken im Gründerzeit-Viertel Vinohrady
Nádraží Holešovice
Argentinská
Holešovice
U Výstaviště
Dukelských hrdinů
Karlín
nábřeží Kapitána Jaroše
Hlávkův most
Ostrov Štvanice
Rohanské nábřeží
Wilsonova
Praha Masarykovo nádraží
Žižkov
Praha hlavní nádraží
Riegrovy sady
Jiřího z Poděbrad
Vinohradská
Náměstí Míru
Vinohrady
Legerová
Havlíčkovy sady
500 m
547 yd

BARS

1 ANONYMOUS BAR

Hinter der ikonischen Maske von Guy Fawkes verbergen sich hier keine anarchistischen Hacker, sondern geniale Cocktailmixer. *Tgl. 17–2 Uhr | Michalská 12 | Tel. 608280069 | anonymousbar.cz | Metro A, B Můstek | Nové Město | G4*

2 BLUELIGHT

In die Wände der sympathischen Bar haben schon viele Nachtschwärmer ihre Botschaften geritzt. Sie hält sich trotz der Nähe zur Karlsbrücke seit Jahren unverändert. Für viele Prager ist sie zu zweiten Heimat geworden. Manchmal Jazz oder Funk live. *Mo–Fr 18–3, Sa/So 19–3 Uhr | Josefská 42/1 | Straßenbahn 12, 15, 20, 22, 23 Malostranské náměstí | Malá Strana | E4*

3 BUGSY'S BAR

Schicke High-End-Cocktailbar an der Prager Edelmeile mit enzyklopädischer Spirituosenkarte. Wer sich nicht entscheiden kann, überlässt die Auswahl der Menschenkenntnis des Barkeepers. Es sei denn, es gibt richtig was zu feiern: Bei mehr als hundert Champagnersorten kommt sicher auch der Barmann an seine Beratungsgrenze. *Tgl. 19–2 Uhr | Pařížská 10 | bugsysbar.cz | Metro A Staroměstska | Staré Město | G3*

WOHIN ZUERST?

Clubs und Kneipen gibt es in jedem Viertel mehr als genug. Wenn du die authentische Kneipenszene kennenlernen möchtest, solltest du nach **Žižkov** gehen. In dem ehemaligen Arbeiterviertel gibt es unzählige sympathische Spelunken, in denen einst Dissidenten und Mitglieder des Underground verkehrten. Heute genießen hier junge Leute, Kreative und Lebenskünstler ihr Bier.

4 LA BODEGUITA DEL MEDIO

Die Cocktailbar mit Restaurant inmitten der Altstadt bietet echten Mojito und kubanisches Ambiente. In der Lounge können Gäste Mitglied des ersten tschechischen Raucherclubs werden. Einen Besuch ist auch der Sommergarten „El Patio" wert. *Do–Sa 11–4, So–Mi 11–2 Uhr | Kaprova 5 | Metro A Staroměstská | Staré Město | F4*

5 CAFÉ SLADKOVSKÝ

INSIDER-TIPP
Schillerndes im Glas

Blümchentapete, Úněticer Bier und bunte Limos aus der Flasche für den intellektuellen Underground – einer der Angelpunkte rund um die Hip-Meile Krymská. *So–Fr 11–1, Sa 16–1 Uhr | Sevastopolská 17 | Straßenbahn 4, 13, 22 Krymská | Vršovice | K6*

6 MONARCH

Böhmen ist Bierland, Mähren das Land der Winzer. Dass die Qualität des tschechischen Rebensafts inzwischen recht beachtlich ist, lässt sich bei einem Glas im Monarch überprüfen. Dazu gibt's Feines aus der böhmischen Küche. Auch Weinverkauf. *Mo–Fr 11.30–22, Sa 16.30–22 Uhr | Na Perštýně 15 | Metro B Národní třída | Staré Město | F4*

Tretter's Bar: Hier bekommt dein Cocktail die Aufmerksamkeit, die er verdient

7 TRETTER'S BAR

Der Amerikaner Michael Tretter hat längere Zeit in München gewirkt und sein Lokal den New-York-Bars der 1930er-Jahre nachempfunden. *Tgl. 19–3 Uhr | V kolkovně 3 | tretters.cz | Metro A Staroměstská | Staré Město | G3*

8 VINOGRAF

Gemütliche Bar, in der tschechische und europäische Weine ausgeschenkt werden. Dazu gibt's leckere Kleinigkeiten. *Mo–Sa 16–24, So 14–22 Uhr | Míšenská 8 | Straßenbahn 12, 15, 20, 22, 23 Malostranské náměstí | Malá Strana | E4*

CLUBS & DISKOS

9 CHAPEAU ROUGE

Hier ist man nie alleine: Der meist gesteckt volle Kultclub im Herzen der Altstadt ist inzwischen auf drei Stockwerke angewachsen, ohne seinen rauen Charme zu verraten. Täglich Live-Acts und DJs, keine Grenzen bei Musikstilen und Sperrstunde – traditionell sehr internationales Publikum und wenig Frischluftzufuhr. *Tgl. 18–4 Uhr | Jakubská 2 | Tel. 222316328 | chapeaurouge.cz | Metro B Naměstí Republiky | Staré Město | G4*

10 CROSS CLUB

Am Anfang bekamen hier nur Bekannte Zutritt, inzwischen ist der Club eine der angesagtesten Locations der jungen Szene. Ein heruntergekommener Häuserblock, außen und innen aufregendes Design aus Industrieschrott – und Partys auf mehreren Stockwerken. Das Programm ist eine wilde Mischung aus Punkkonzerten, Techno, Kino, Kunst und Theater. *Tgl. 18 Uhr bis Morgengrauen | Plynární 23 | crossclub.cz | Metro C Nadraží Holešovice | Holešovice | 0*

INSIDER-TIPP
Etagen-Programm-Mix

11 DUPLEX

Hier bist du Star für eine Nacht! Promiträchtiger High-Profile-Rooftop-Club in einem Glaswürfel hoch über dem Wenzelsplatz, oft internationale Acts, vor allem House. Die Dachterrasse ist auch ein cooler Platz für einen Drink am Nachmittag. *Tgl. 17–4, Fr/Sa bis 5 Uhr | Václavské nám. 21 | Tel. 732 22 11 11 | duplex.cz | Metro A, B Můstek | Nové Město | G5*

12 FUCHS2

Nah an der Altstadt, weit vom Mainstream: experimenteller Abenteuerspielplatz für Musik und bildende Kunst in den heruntergekommenen Resten des legendären Eisstadions auf der Moldauinsel Štvanice. Hier holten die Tschechoslowaken 1947 ihren ersten Eishockey-WM-Titel. Öffnungszeiten je nach Programm – Website checken! *Ostrov Štvanice 1125 | fuchs2.cz | Straßenbahn 1, 14 Štvanice | Holešovice | J2*

13 KARLOVY LÁZNĚ

Auf fünf Ebenen bietet der Tanzturm an der Moldau Rhythmen, Rotlicht und Cocktails. Die angeblich größte Disco Mitteleuropas ist erste Adresse für Teenies auf Klassenfahrt. *Tgl. 21–5 Uhr | Novotného lávka 198 | karlovylazne.cz | Metro A Staroměstská | Staré Město | F4*

14 KASÁRNA KARLÍN

Alternative Kult- und Kulturlocation: Ein junges Team bespielt den heruntergekommenen Kasernenbau aus den 1840ern, bis über eine endgültige Nutzung entschieden ist – und das sehr gut. Im Angebot: Café, Kino, Bar, Galerie, Konzerte, Badminton, Beachvolleyball und viel Spiel-Platz für die Kleinen im sicheren Innenhof. *Hof: Mo–Fr 13.30–23.30, Sa/So 10–23.30; Café Mo–Fr 13–21.30, Sa/So 10–21.30; Bar: tgl. 17–23.30 Uhr | Prvního pluku 2 | kasarnakarlin.cz | Metro B, C Florenc | Karlín | F4*

15 CLUB ÚJEZD

Prags erster Nachwende-Musikclub ist ein fester Anlaufpunkt im Nachtleben. Alternative Musikbar und Kneipe auf drei Stockwerken gelegen, mit einem Touch von ungebundenem Undergroud: Hier kümmert man sich lieber ums richtige Leben als um die Aktualisierung von Web und Facebook. *Tgl. 15–4 Uhr | Újezd 18 | Tel. 251 51 08 73 | klubujzed.cz | Straßenbahn 9, 12, 15, 20, 22, 23 Újezd | Malá Strana | E5*

16 LUCERNA MUSIC BAR ★

Der Keller des Lucerna-Palasts bietet vom Techno-Inferno bis zum Tanztee alles. Ein Klassiker ist die Freitag- und Samstagabend (21–4.30 Uhr) stattfindende „80/90er-Jahre-Party". *Tgl. ca. 20–3 Uhr | Vodičkova 36 | musicbar.cz | Metro A, B Můstek | Nové Město | G5*

17 MALOSTRANSKÁ BESEDA

Kult-Kulturhaus am Kleinseitner Platz. Unten Kneipe und Café, oben Galerie und Veranstaltungssaal. Hier treten vor allem einheimische Künstler auf. Die Bandbreite ist riesig: Klassik, Rock, Folk, Hip-Hop, Jazz, Experimentelles oder Theater. *Konzertbeginn meist 20.30 Uhr | Malostranské náměstí 21 | malostranska-beseda.cz | Straßenbahn 12, 15, 20, 22, 23 Malostranské náměstí | Malá Strana | E4*

18 MEETFACTORY

INSIDER-TIPP
Industrie meets Kunst

In einer Industrieruine hat Prags führender Kunstprovokateur David Černý eine Bühne für die junge Musik- und Theaterszene geschaffen. Schon die Anfahrt ist ein Erlebnis: Prags hippste Kulturstätte ist eingekeilt im Nirgendwo zwischen Vorstadtautobahn und Eisenbahngleisen. Zweifelnden weisen die Fleisch-Auto-Skulpturen an der Fassade den Weg. *Tgl. 13–20 Uhr, abends je nach Veranstaltung | Ke Sklárně 15 | meetfactory.cz | Straßenbahn 4, 5, 12, 20 Lihovar | Smíchov | 0*

19 MECCA

In dem Komplex zwischen grauen Mietshäusern schweißte früher die Arbeiterklasse Straßenbahnen für den Export. Heute wummern in den mal kühl, mal gemütlich gestalteten Räumen des Clubs die Bässe von Rave und House. *Nur zu Events geöffnet – Website checken! | U Průhonu 3 | mecca.cz | Straßenbahn 1, 6, 12, 14, 25 Dělnická | Holešovice | K1*

20 PALÁC AKROPOLIS

Weltmusik, Independent, Avantgarde – das Akropolis im Szene-Stadtteil Žižkov ist die Alternativbühne der Stadt. Wenn in dem ehemaligen Theatersaal gerade einmal keine Band auftritt, legt meist ein DJ auf. Und auch sonst wird es nicht langweilig: Es gibt noch Bar, Café, Kneipe und bestimmt auch eine interessante Kunstausstellung. *Tgl. 19–3 Uhr, Juli/Aug. 21–5 Uhr | Kubelíková 27 | Tel. 2 96 33 09 13 | palacakropolis.cz | Metro A Jiřího z Poděbrad | Žižkov | K5*

Virtuoser Auftritt: der berühmte Jazz-Bassist Stanley Clarke in der Lucerna Music Bar

21 RADOST FX (FREUDE & EFFEKTE)

Die einen lieben, die anderen hassen ihn – den seinerzeit ersten US-Club in Prag. Das Restaurant hat Covid nicht überstanden. Der Partykeller ist aber weiterhin proppenvoll. *Party Do–Sa 23–5 Uhr | Bělehradská 120 | radostfx.cz | Metro C I. P. Pavlova | Vinohrady | H6*

22 RETRO MUSIC HALL

Faire Preise, immer voll und bei Pragern beliebt: Der Club ist eine feste Größe für Prager Partygänger. Innovatives Programm. *Fr, Sa, 22–6 Uhr | Francouzská 4 | retropraha.cz | Metro A Náměstí Míru | Vinohrady | J6*

23 ROCK CAFÉ

Im vielräumigen Club reiten tschechische Amateurbands auf der Revivalwelle. Vorwiegend junges Publikum. Konzertbeginn meist 20 Uhr. *Mo–Do 12–3, Fr 12–4, Sa 17–4, So 17–1 Uhr | Národní 20 | Tel. 224 93 39 47 | Metro B Národní třída | Nové Město | F5*

24 ROXY ★

Das Ex-Kino mit alternativ-undergroundigem Programm ist schon oft zum beliebtesten Prager Club gewählt worden. Wohl auch wegen der „Free Mondays", an denen die DJs umsonst auflegen. *Öffnungszeiten je nach Act | Dlouhá třída 33 | roxy.cz | Metro B Náměstí Republiky | Staré Město | G3*

Stylishes Ambiente, coole Musik und tolle Aussichten bietet der Club Jazz Dock

25 AGHARTA

Agharta bezeichnet in der Legende eine Parallelwelt tief im Erdinneren. In puncto Jazz ist der Mythos in Prag wahr geworden: Tief unter dem Altstädter Ring gibt es in einem Kellergewölbe aus dem 14. Jh. täglich Live-Gigs von Jazz über Blues bis Funk, fast immer für faire 250 Kč. *Tgl. 19–1 Uhr | Železná 16 | Tel. 222 21 12 75 | agharta.cz | Metro A, B Můstek | Staré Město | G4*

26 JAZZ DOCK

Moderner Jazz, Experimentelles und Funk in einem gläsernen Pavillon direkt am Moldauufer. Cooler Club, in dem einheimische wie ausländische Musiker auftreten. *Beginn meist 21 Uhr | Janáčkovo nábřeží 2 | jazzdock.cz | Straßenbahn 9, 12, 15, 20 Švandovo divadlo | Smíchov | E5*

27 REDUTA ★

Der Club ist die renommierte Keimzelle des Prager Jazz, heute wird im ältesten noch existierenden Jazzclub Europas traditioneller Jazz gespielt. *Konzerte tgl., meist 20/21 Uhr | Národní třída 20 | Tel. 224933487 | Metro B Národní třída | Nové Město | F5*

28 U MALÉHO GLENA (ZUM KLEINEN GLENN)

Unten Jazz- und Bluesclub, oben Kneipe. Vorwiegend junges Laufpublikum. Namensgeber ist der Hausherr: der US-Amerikaner und Wahl-Prager Glenn Spicker. *Tgl. ab 21 Uhr | Karmelitská 23 | Tel. 257531717 | Straßenbahn 12, 15, 20, 22, 23 Malostranské náměstí | Malá Strana | E4*

KINOS

29 AERO

INSIDER-TIPP **Kunst statt Kommerz**

In dem kleinen Saal werden oft Klassiker der Filmgeschichte im Original gezeigt. Die Bar ist angenehm günstig. *Biskupcova 31 | Tel. 271771349 | Straßenbahn 9, 10, 11, 16 Biskupcova | Žižkov | M3*

30 CINEMA CITY SLOVANSKÝ DŮM

Klassischer Multiplex: In zehn Sälen mit insgesamt 1850 Plätzen laufen in Dolby-Quadrofonie-Qualität die aktuellen Produktionen, teils in Originalfassung. Am Eingang stilechter Popcornverkauf. *Na Příkopě 22 | Tel. 225742021 | Metro B Náměstí Republiky | Nové Město | G4*

31 SVĚTOZOR

Das Herzstück von Prags popcorn-freier Kinokultur. In dem Programmkino laufen häufig auch tschechische Filme mit englischen Untertiteln. Im Untergeschoss gibt es eine kleine Bar, neben der Kasse einen Laden mit Kinoplakaten. *Vodičkova 41 | Tel. 224946824 | kinosvetozor.cz | Metro A, B Můstek | Nové Město | G5*

KLASSIK

32 OBECNÍ DŮM

Der prunkvolle Smetana-Saal des Repräsentationshauses ist die Heimat der Prager Symphoniker (FOK). Die Konzerte beginnen hier meistens um 19.30 Uhr. Nicht verwechseln mit Touri-Ensembles, die hier täglich „Best of Mozart" spielen! Der Saal verfügt über eine exzellente Akustik. *Náměstí Republiky 5 | Tel. 222002101 | Metro B Náměstí Republiky | Staré Město | G4*

33 RUDOLFINUM ★

Das elegante Rudolfinum ist Sitz des bedeutendsten Orchesters des Landes: der Tschechischen Philharmonie. Für Klas-

Ganz im Sinn des berühmten Dichters trifft sich die Prager Boheme in Bukowski's Bar

sikfreunde ist der Besuch eines der Konzerte (meist 19.30 Uhr) in dem Neorenaissancegebäude ein absolutes Muss. *Alšovo nábřeží 12 | Tel. 227059227 | ceskafilharmonie.cz | Metro A Staroměstská | Staré Město | F3*

KNEIPEN

34 BUKOWSKI'S BAR

Hier chillst du in einem angesagten Pub. Er ist nächtlicher Treffpunkt für „Expatriates" und die junge Prager Bohème. *Tgl. 19–3 Uhr | Bořivojova 86 | Metro A Jiřího z Poděbrad | Žižkov | K4*

35 FRAKTAL

Bei Einheimischen wie bei „Expats" angesagte Kellerkneipe. Immer voll, immer gute Stimmung. Die Küche ist vor allem wegen ihrer saftigen Burger beliebt. *Tgl. 11 bis mind. 24 Uhr | Šmeralova 1 | Straßenbahn 1, 8, 12, 25, 26 Letenské náměstí | Letná | G2*

36 LA CASA BLŮ (DAS BLAUE HAUS)

Ein Stück Südamerika in Prag, von Exilanten und Studenten der ehemaligen Bruderländer eröffnet. Treff mit Wohnzimmercharakter und beeindruckendem Rumangebot. *Mo–Fr 11–22, Sa 12–22, So 14–22 Uhr | Kozí 15 | Metro A Staroměstská | Staré Město | G3*

37 LETNÁ-BIERGARTEN

Der Biergarten im Letná-Park ist im Sommer der Treffpunkt schlechthin. Das frisch gezapfte *pivo* genießt man auf Holzbänken – aber mit dem wohl schönsten kostenfreien Blick auf Altstadt und Moldau. *Ganzjährig geöfffnet, Sommer 11–23, Winter 11–18 Uhr Uhr | Letenské sady | Straßenbahn 1, 5, 12, 25, 26 Sparta | Letná | G2*

38 NÁPLAVKA (SCHWEMMUFER)

Früher landeten hier die Flöße an, mit denen Bauholz nach Prag ge-

schwemmt wurde. Heute ist der Moldaukai zwischen Jirásek-Brücke und Výtoň die junge Partymeile der Stadt mit Cafés, Bars und Eventlocations – zu Land und auf den zahlreichen Schiffen und Pontons, die hier vor Anker liegen. Der richtige Platz für einen lauen Sommerabend. *Rašínovo nábřeží | Facebook: prazske naplavky | Straßenbahn 2, 3, 4, 7, 10, 16, 17 Palackého náměstí | Nové Město | F6–7*

39 U ČERNÉHO VOLA (ZUM SCHWARZEN OCHSEN)

Stillstand als Programm: Einmal im Jahr wird neu geweißelt, sonst hat sich in der Traditionskneipe nahe der Burg seit Jahrzehnten nichts verändert. Schon gar nicht der unerschöpfliche Durst der Stammgäste. *Tgl. 10–22 Uhr | Loretánské náměstí 1 | Straßenbahn 22, 23 Pohořelec | Hradčany | C–D4*

40 U FLEKŮ (BEIM FLECK) ★

Seit über 500 Jahren eines der schönsten Lokale Prags, mit eigener Schwarzbierbrauerei. Im Sommer sind Trinkhalle und Biergarten allerdings oft mit Touristen überfüllt. Für Prager Verhältnisse eher teuer. *Tgl. 10–23 Uhr | Křemencova 11 | Metro B Národní třída | Nové Město | F5*

41 U GLAUBICŮ (BEIM GLAUBITZ)

Wo Bürgermeister Globic um 1600 eine Brauerei betrieb, laden heute zwischen Karlsbrücke und Burg ein gotisches Gewölbe, ein mondänes Erdgeschoss und ebenso gutes wie günstiges Pilsner ein. *Tgl. 10.30–23 Uhr | Malostranské náměstí 5 | Straßenbahn 12, 15, 20, 22, 23 Malostranské náměstí | Malá Strana | E4*

42 U PINKASŮ

Prags älteste Pils-Kneipe: Seit 1843 kommt hier Pilsner Urquell aus dem Zapfhahn. Schneider Jakub Pinkas hatte das ganz neue Bier gekostet – und augenblicklich das Gewerbe gewechselt. Bis heute eine der ersten Adressen für Pilssucher und altböhmische Bierseeligkeit nicht nur in Prag – eindreiviertel Jahrhunderte Erfahrung sind schwer zu schlagen. *Tgl. 10–22 Uhr | Jungmannovo náměstí 16 | upinkasu.cz | Metro B Můstek | Nové Město | G4*

43 U RUDOLFINA

Der Zapfhahn ist hier fast ununterbrochen offen: In diese Traditionskneipe neben dem Rudolfinum geht man vor allem wegen des süffigen Pilseners. Unten im Kellergewölbe wird aber auch gute böhmische Küche serviert. Reservieren nicht vergessen! *Mo–Fr 11–23, Sa/So 12–23 Uhr | Křížovnická 10 | Tel. 222 32 87 58 | Metro A Staroměstská | Staré Město | F4*

44 U SUDU (ZUM FASS)

Die traditionsreiche studentische Weinspelunke bohrt sich in historischen Gewölbekellern über enge Treppen viele Etagen tief in einen zeit- und lichtlosen Prager Untergrund, in dem Tag und Nacht verschwimmen. Tischkicker, Küche bis halb vier morgens, freundliche Atmosphäre und ebensolche Preise. Strategisch gelegen am Zentralhalt der Nachtstraßenbahnen. *Mo–Do 9–4, Fr 9–5, Sa 10–5, So 11–4 Uhr | Vodičkova 10 | Tel. 222 23 22 07 | usudu.cz | Straßenbahn 3, 5, 6, 9, 14, 24 u. alle Nachtbahnen Lazarská | Nové Město | G5*

45 U VYSTŘELENÝHO OKA (ZUM AUSGESCHOSSENEN AUGE)

In der Kultkneipe in Žižkov erinnert alles an die Hussiten – allen voran an Jan Žižka, den einäugigen Gotteskämpfer, der in einer Schlacht auch sein zweites Auge verlor. Die stets volle Bierspelunke ist eine Zeitreise in die wilden Prager Nineties. *Mo–Sa 16.30–1 Uhr | U Božích bojovníků 3 | Straßenbahn 5, 9, 15, 26 Husinecká | Žižkov | K4*

46 U ZLATÉHO TYGRA (ZUM GOLDENEN TIGER) ★

Wenn die Traditionskneipe unweit des Altstädter Rings um Punkt drei ihre Türen öffnet, steht meist schon eine Schlange Durstiger vor der Tür – eine verschworene Gemeinschaft von Stammgästen, zu denen einst auch der legendäre Schriftsteller Bohumil Hrabal gehörte. *Tgl. 15–23 Uhr | Husova 17 | Metro A Staroměstská | Staré Město | F4*

47 VINOHRADSKÝ PARLAMENT

Kultivierte Anlaufstelle für Knödelforscher. Hier gibt's die böhmische Seele in allen Variationen – von süß bis salzig, von Šulánky bis Nockerln. *Mo–Fr 10.45–4, Sa/So 11.30–4 Uhr | Korunní 1 | Metro A Náměstí Míru | Vinohrady | J6*

MUSICALS

48 DIVADLO HYBERNIA (HYBERNIA-THEATER)

Prags jüngster Musicaltempel, in dem unterschiedliche Produktionen auf die Bühne kommen. Vor seiner aufwendigen Renovierung hatte das prunkvolle Gebäude jahrelang leer gestanden. *Náměstí Republiky 4 | Tel. 221 41 94 12 | hybernia.eu | Metro B Náměstí Republiky | Nové Město | H4*

49 GOJA MUSIC HALL

Die Bühne des Neubaus ist wegen der amphitheaterähnlichen Einrichtung von allen Seiten einsehbar. Betreiber ist eine Agentur, an der auch Schlagerstar Karel Gott beteiligt war. Vorstellungen meist um 19 Uhr, am Wochenende auch nachmittags. *Výstaviště | Tel. 272 65 83 37 | goja.cz | Metro C Nádraži Holešovice | Holešovice | 0*

THEATER

50 DIVADLO NA ZÁBRADLÍ (THEATER AM GELÄNDER)

Hier schob Václav Havel einst Kulissen, bevor seine eigenen Stücke auf die Bühne kamen. Seit dem Tod des Expräsidenten erinnert eine Gedenktafel mit Aschenbecher, Schnapsglas und Stift an seine Theateranfänge. Lust auf ein bisschen Genius loci? Das Theatercafé ist oft so dramatisch wie das Geschehen auf der Bühne. *Anenské náměstí 5 | Tel. 2 22 86 88 70 | Metro A Staroměstská | Staré Město | F4*

51 LATERNA MAGIKA

Schwarzlichttheater gibt es in Prag an allen Ecken – meist für Touris. Das Haus mit der originellen Fassade ist aber das Original und die Nummer eins. Die einst futuristischen Illusionen aus Schauspiel und Videotechnik entfalten in Cyberspace-Zeiten eine gelegentlich nostalgische Poesie. Aus einem Hinterzimmer dirigierten Václav Havel und Co. während der Samtenen Revolution den Umsturz. *Národní třída 4 | Tel. 2 24 90 14 48 | narodni-divadlo.cz | Straßenbahn 2, 9, 18, 22, 23 Národní divadlo | Nové Město | F5*

52 NÁRODNÍ DIVADLO (NATIONALTHEATER)

In dem reich geschmückten Haus werden u. a. Opernklassiker aufgeführt. Bei vielen Vorstellungen ist parallel zum Bühnengeschehen der deutsche Text auf einer Anzeigetafel zu sehen. *Národní třída 2 | Tel. 2 24 90 14 48 | narodni-divadlo.cz | Straßenbahn 2, 9, 18, 22, 23 Národní divadlo | Nové Město | F5*

Laterna Magika: Zauber von gestern

53 SPEJBL UND HURVÍNEK

INSIDER-TIPP
Verständliches Unverständnis

Seit über 80 Jahren necken sich die Vater- und Sohn-Puppen nun schon, manchmal auch in deutschsprachigen Aufführungen. *Dejvická 38 | Tel. 2 24 31 67 84 | spejbl-hurvinek.cz | Metro A Dejvická | Dejvice | D2*

54 STAVOVSKÉ DIVADLO (STÄNDETHEATER)

Im klassizistischen Theatergebäude dirigierte Mozart 1787 die Uraufführung seines „Don Giovanni". Diese und andere seiner Opern stehen oft auf dem Programm, klassisch inszeniert. *Ovocný trh 1 | Tel. 2 24 90 14 48 | narodni-divadlo.cz | Metro B Náměstí Republiky | Staré Město | G4*

AKTIV & ENTSPANNT

Beliebt bei Radlern und Flaneuren: der Altstädter Ring

SPORT, SPASS & WELLNESS

STADTOASEN ZUM AUSZEITEN

Die Gärten auf der Kleinseite sind grüne Oasen – allen voran der *Waldstein-Garten (Valdštejnská zahrada) (E3) (Letenská | April–Okt. Mo–Fr 7–19, Sa/So 9–19 Uhr)*. Für Park und Palast ließ Feldherr Albrecht von Wallenstein im 17. Jh. ein ganzes Stadtviertel niederreißen. Man dankt es ihm: Bronzestatuen, Springbrunnen, herumspazierende Pfauen bilden die Kulisse für eine Verschnaufpause. Schöner chillt es sich nur auf der Moldau:

INSIDER-TIPP
Gemeinsam Wassertreten

Miete dir auf der Halbinsel *Žofín* ein Tret- oder Ruderboot *(Zugang über Masarykovo nábřeží | 10 Uhr bis Sonnenuntergang | ca. 300 Kč/Std.)*. Vom Fluss aus eröffnen sich neue Perspektiven auf Prag.

MAL RICHTIG DURCHHOPFEN

Ein Bierbad ist die ideale Erholung nicht nur bei Regen, z. B. bei *Beer Spa Bernard (G4) (Týn 10 | im Ungelt-Hof | ab 2690 Kč | Voranmeldung unter Tel. 777 00 18 18)*. Eintauchen in einen Bottich mit Hopfen, Hefe und Malz – und nebenher darfst du auch *pivo* trinken. Energie pur für den Körper versprechen die Anbieter. Bei *Pivní lázně BBB (F4) (Masná 5 | ab 1900 Kč | Voranmeldung unter Tel. 222 76 26 20)* kannst du anschließend auf Strohballen entspannen.

CITY-BIKING

Sightseeing in Prag – das ist echtes City-Climbing: Das Kopfsteinpflaster ist oft holpriger als mancher Alpensteig. Was liegt da näher, als gleich aufs Mountain- oder E-Bike umzusteigen? Dabei kommt man ganz schön herum, und bei den geführten Touren erfährt man jede Menge über die Sehenswürdigkeiten entlang der Strecke. Die kürzeste Tour dauert zweieinhalb Stunden, die längste einen Tag. Sogar

Sportspaß auf der Moldau

ein Radausflug zur Burg Karlstein wird angeboten. Treffpunkt für alle Touren ist *Praha Bike* (🕮 G3) *(ab 720 Kč | Dlouhá 24 | Tel. 732388880 | prahabike.cz | Metro B Náměstí Republiky).*

FITNESS-FRÜCHTCHEN

Fette Würste, dicke Knödel – die Prager Küche liegt üblicherweise schwer im Magen. Was kaum jemand weiß: Auch der Inbegriff des leichten Fitness-Frühstückchens ist eine Prager Erfindung – der Fruchtjoghurt. 1934 hatte man in der Radlitzer Dampfmolkerei in Smíchov genug davon, dass das neumodische Balkanprodukt Joghurt zwar als „Speise der Hundertjährigen" galt, selbst aber in kürzester Zeit durch Schimmel verdarb. Die Lösung war genial: Eine dünne Marmeladenschicht machte Radlitzer Joghurt nicht nur haltbar, sondern auch unglaublich mild und lecker. Der Fruchtjoghurt hat weltweit die Kühlschränke erobert, die Radlitzer Molkerei endete herabgewirtschaft in den 90er-Jahren. Die *Frogurt-Bar* (🕮 E6) *(Nový Smíchov Shopping Centre | Plzeňská 8 | frogurt.cz | Metro B Anděl)* hält unweit des alten Molkerei-Stammsitzes das Erbe aufrecht – zeitgemäß cool mit Frozen Yoghurt.

ZIEMLICH BESTE FEINDE

Ein Stadtviertel, zwei Fußballclubs – und zwei Welten: *Slavia*, der arrogante Primus, und der ewige Underdog *Bohemians*. Nie haben die Fans auch nur ein Wort miteinander gewechselt – bis die brüchige Bohemians-Arena „Ďolíček" einem Einkaufszentrum weichen sollte. Beide Clubs in einem Stadion? Undenkbar! Mit einer Fußballpartei retteten die Fans gemeinsamen die Ďolíček-Legende – um sich nun wieder von Herzen Feind zu sein. Zu besichtigen jeden Samstag im Stadion *(bohemians.cz; slavia.cz).*

FESTE & EVENTS

JANUAR

Neujahrsfeuerwerk: am 1. Januar ab 18 Uhr

MÄRZ/APRIL

Matthäus-Kirmes *(matejskapout.cz):* Prags ältester Jahrmarkt auf dem Ausstellungsgelände Výstaviště; im März

Festival otrlého divaka *(otrlydivak.cz):* die abgewandte Seite der Cinematografie: eine Woche schlechter Geschmack, Trash und Exploitation beim „Festival des abgehärteten Zuschauers", Anfang März im Programmkino Aero

Febiofest *(febiofest.cz):* internationale Filmtage im Frühjahr; bekannte Schauspieler und Regisseure sind zu Gast.

Ostermärkte *(trhypraha.cz):* handbemalte böhmische Ostereier und Kunsthandwerk (Foto)

MAI/JUNI

Prague Food Festival *(praguefoodfestival.cz):* Gourmet-Meile der Prager Restaurants zum Durchprobieren, drei Tage Mitte Mai im Vyšehrad-Park

★ **Prager Frühling** *(Repräsentationshaus Obecní dům | festival.cz):* klassisches Musikfestival mit Spitzenmusikern Mitte Mai bis Mitte Juni. Karten frühzeitig besorgen: *Tel. 2 27 05 92 34!*

Navalis *(navalis.cz):* wiederbelebte barocke Nepomuks-Bootswallfahrt am St.Nepomuks-Tag (16. Mai) zu Ehren des Prager Brückenheiligen

Khamoro *(khamoro.cz):* Das internationale Roma-Musikfestival findet Ende Mai statt, u.a. im Klub Roxy.

Dance Prague *(tanecpraha.org | u.a. Divadlo Ponec | Husitská 24 a):* zeitgenössischer Tanz und Bewegungstheater, meist quer durch den Juni

United Islands *(unitedislands.cz):* ein Wochenende Worldmusic, Rock und Jazz auf mehreren Moldauinseln Ende Juni

Mezi ploty *(meziploty.cz):* Das Festival „Zwischen den Zäunen" der histori-

Ein buntes Spektakel: der Ostermarkt auf dem Altstädter Ring

schen Psychatrie bietet ein Wochenende alternative Kunst, Musik und Workshops zum Mitmachen.

JULI/AUGUST

Folklorefestival *(praguefestival.cz/folklore):* Musik, Handwerk und Tanz rund um den Obstmarkt *(Ovocní trh)* – findet mal im Juli, mal im August statt.

SEPTEMBER

Struny podzimu *(strunypodzimu.cz | u. a. im Rudolfinum):* „Herbst-Saiten"; hochkarätiges Musikfestival mit internationalen Größen aus Klassik, Jazz und Worldmusic. Bis Nov.

OKTOBER

Jazzfestival Praha *(jazzfestivalpraha.cz | Reduta):* zieht immer mehr internationale Künstler an.

Signal *(signalfestival.com)* Lichtkunst und Videomapping gratis im öffentlichen Raum

Prague Writer's Festival *(pwf.cz):* Lesungen, Vorträge und Diskussionen mit einheimischen sowie internationalen Schriftstellern; an wechselnden Orten in der Stadt

Designblok *(designblok.cz):* Aktuelles tschechisches und internationales Design zeigt sich eine Woche lang in vielfältigen Veranstaltungen an unterschiedlichen Orten.

NOVEMBER

Theaterfestival deutscher Sprache: *(theater.cz | u. a. im Divadlo na Vinohradech):* Klassiker und Zeitgenössisches von führenden Bühnen aus Deutschland, Österreich und der Schweiz

DEZEMBER

Weihnachtsmarkt *(trhypraha.cz):* Budenzauber, Kunsthandwerk und Glühwein am Altstädter Ring bringen Weihnachtsstimmung in die Stadt

SCHÖNER SCHLAFEN

EINSAME SPITZE

Der Name *One Room Hotel (1 Zi. | Mahlerovy sady 1 | Tel. 2 10 32 00 85 | oneroomhotel.cz | Metro A Jiřího z Poděbrad | €€€ | Žižkov | K5)* ist Programm: Nur ein einziges Zimmer, dafür in dramatischer Lage in 66 m Höhe auf dem raketengleichen Fernsehturm in Žižkov und mit unvergleichlichem Panoramablick, selbst aus der Badewanne. Wer richtig Eindruck schinden will: Auf Wunsch entrollt ein Fassadenkletterer vor der Fensterfront in schwindelnder Höhe Liebesschwüre oder Heiratsanträge. Das alles gibt es allerdings erst ab 550 Euro.

INSIDER-TIPP
Heirats-schwindel

BONZENBUNKER MIT GEHEIMNIS

Das *Hotel Jalta (97 Zi. | Václavské Náměstí 45 | Tel. 2 22 82 21 11 | hoteljalta.com | Metro A, C Muzeum | €€€ | Nové Město | G5)* – 1958 als stalinistischer Vorzeigebau auf dem Wenzelsplatz eröffnet – ist heute luxuriös renoviert. Die Travertin-Fassade wurde angeblich von Staatspräsident Zapotocky, von Haus aus Steinmetz, mitgestaltet. Hier brachte das Regime Staatsgäste und westliche Geschäftsreisende unter. Noch bis zur Jahrtausendwende streng geheim: Der Keller mit einem Atombunker für die Spitzen des kommunistischen Regimes – und einer Abhöranlage, mit der alle Hotelgäste systematisch bespitzelt wurden. Beides ist heute öffentlich als Museum zugänglich – Info an der Rezeption.

EIN BISSCHEN RENAISSANCE-FÜRST …

… ein bisschen Provinzoligarch: Mehr Bling-Bling als im *Alchymist Grand Hotel and Spa (45 Zi. | Tržiště 19 | Tel. 2 57 28 60 11 | alchymisthotel.com |*

Erst aufs Konto schauen, denn das Alchymist Hotel ist nicht nur fürstlich, es kostet auch

Straßenbahn 12, 15, 20, 22, 23 Malostranské náměstí | €€€ | Malá Strana | ⊞ C4) geht nicht. Der Nobelkomplex wuchert durch die romantischsten Winkel der Kleinseite.

KLEINSEITNER FAMILIENIDYLLE

Ein Gast-Haus, schon bevor es zum Hotel wurde: Im „Haus zum großen Schuh", *Dům u velké boty (8 Zi. | Vlašská 30 | Tel. 257532088 | dumuvelkeboty.cz | Metro A Malostranská | €€ | Malá Strana | ⊞ D4)* fanden vis-à-vis der Deutschen Botschaft 1989 DDR-Flüchtlinge Hilfe und Unterkunft bei Familie Rippl. Heute führt sie das Renaissancehaus als behagliche, liebevolle Familienpension.

GESELLIGKEIT WIRD GROSSGESCHRIEBEN

Das *The Road House Prague (Náprstkova 4 | Tel. 220514225 | theroadhouseprague.com | Straßenbahn 2, 17, 18 Karlovy Lázně | € | Staré Město | ⊞ F4)* ist ein familiäres und stilvoll-entspanntes Hostel in einer versteckten Altstadtgasse, 15 Fußminuten vom Altstädter Ring – der Beweis, dass Zentrumsnähe, Charme und Atmosphäre nicht nur eine Frage des Geldes sind. In der Gemeinschaftsküche finden Alleinreisende schnell Anschluss.

ENDSTATION IM NACHTDEPOT

Für alle, die immer in der U-Bahn einschlafen, ist das *Metro Apartment (2 Zi. | Řehořova 938/15 | Tel. 725027957 | Facebook: @mfhotelprague | Straßenbahn 5, 9, 15, 26 Husinecka | € | Žižkov | ⊞ J4)* der Hit. Das Zwei-Zimmer-Hostel ist im Design der Prager Metro gestaltet. Nach anstrengenden Abenden kommen die zahlreichen Haltestangen gerade recht. Stilecht im Souterrain gelegen.

ERLEBNIS TOUREN

Lust, die einzigartigen Facetten der Stadt zu entdecken? Dann sind die Erlebnistouren genau das Richtige für dich! Ganz einfach wird es mit der MARCO POLO Touren-App: Die Tour über den QR-Code aufs Smartphone laden – und auch offline die perfekte Orientierung haben.

Die Vogelperspektive schafft Übersicht: Altstädter Ring mit Teynkirche

Einfach QR-Code scannen und alle Karten & Infos zu unseren Touren auch unterwegs parat haben!

go.marcopolo.de/pra

DIE ERLEBNISTOUREN IM ÜBERBLICK

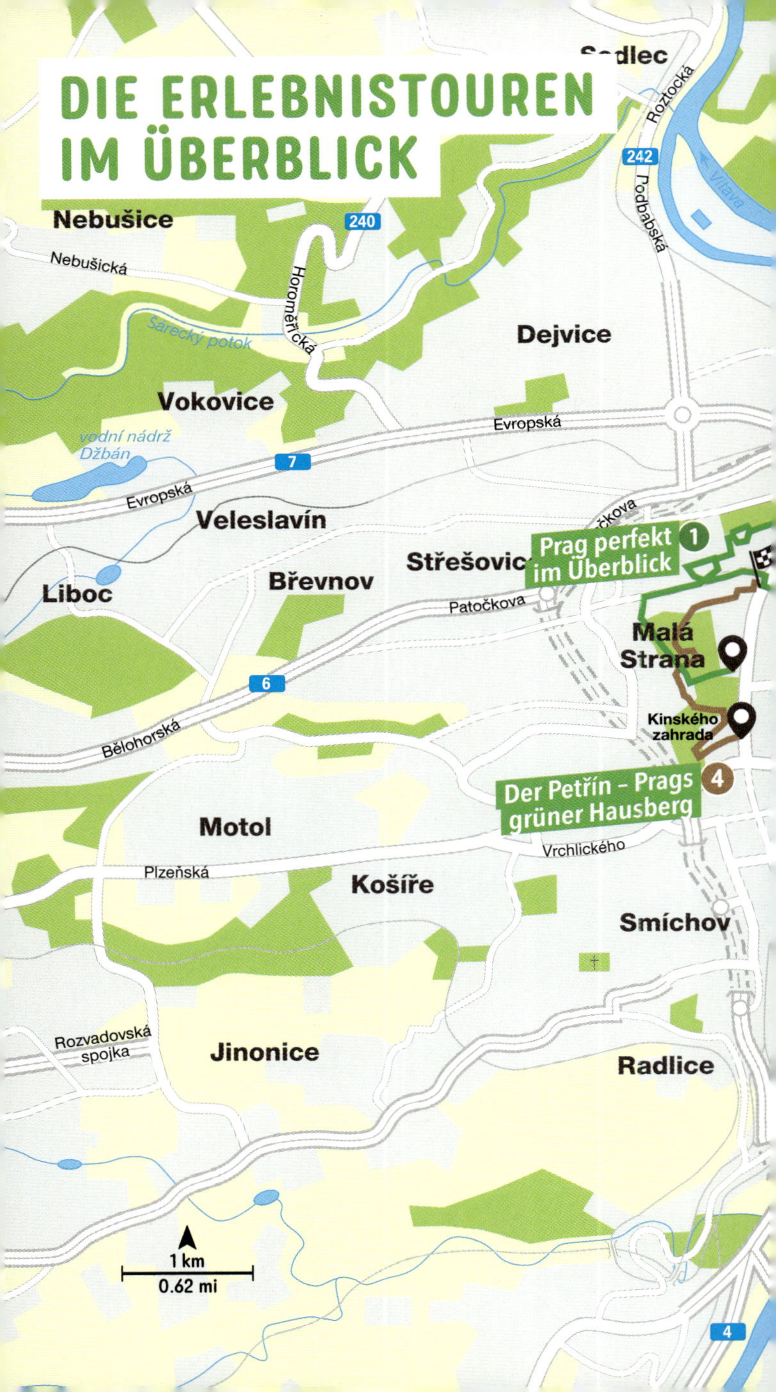

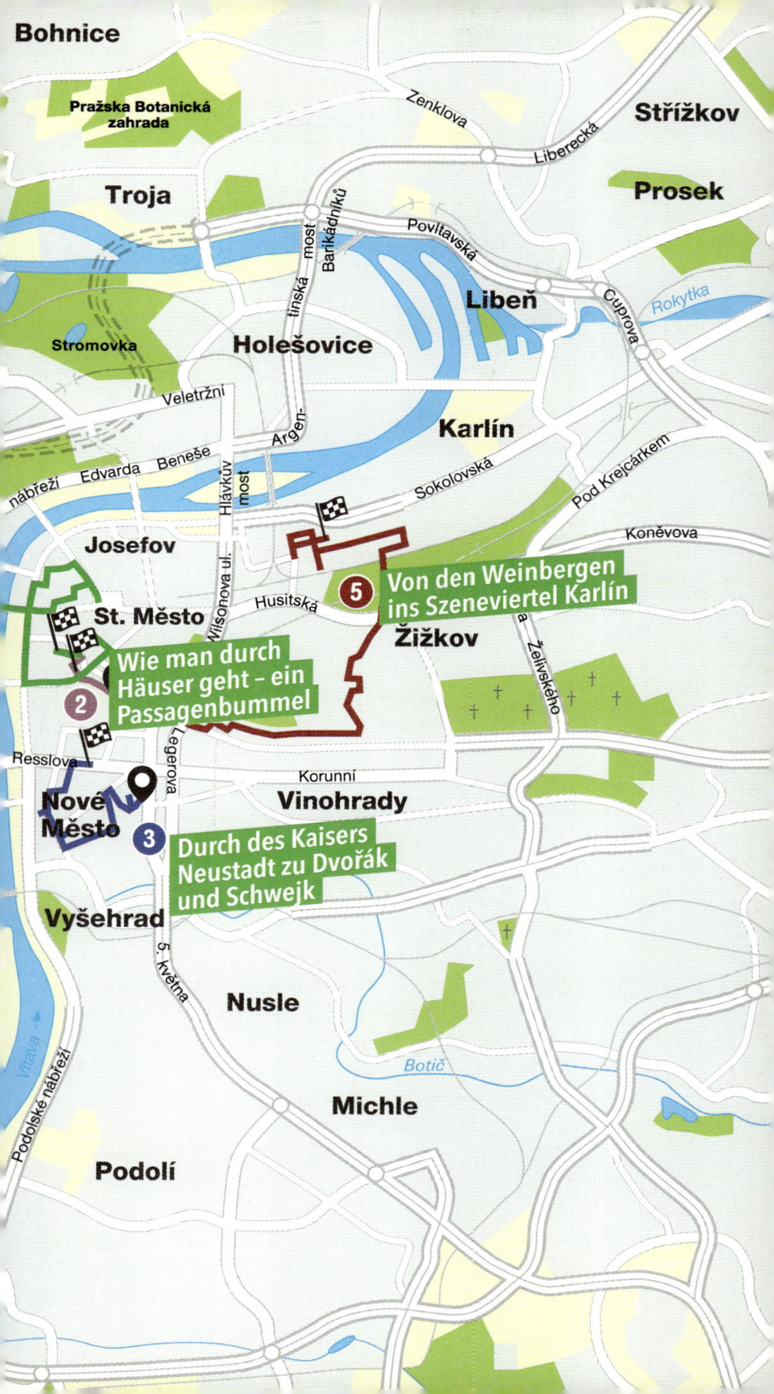
Bohnice
Pražska Botanická zahrada
Zenklova
Střížkov
Liberecká
Troja
Prosek
Barikádníků
Povltavská
most
Libeň
Rokytka
Cuprova
tinská
Stromovka
Holešovice
Veletržní
Argen-
Karlín
Edvarda
Beneše
nábřeží
Hlávkův most
Sokolovská
Pod Krejcárkem
Josefov
Koněvova
Wilsonova ul.
5
Von den Weinbergen ins Szeneviertel Karlín
Husitská
St. Město
Žižkov
Wie man durch Häuser geht – ein Passagenbummel
2
Želivského
Resslova
Legerova
Korunní
Nové Město
Vinohrady
3
Durch des Kaisers Neustadt zu Dvořák und Schwejk
Vyšehrad
5. května
Nusle
Vltava
Botič
Podolské nábřeží
Michle
Podolí

❶ PRAG PERFEKT IM ÜBERBLICK

- Die Goldene Stadt für Schnell-Checker und Durchblicker
- Obendrüber und mittendrin
- Bergbahn fahren, Golem fangen, Knödel finden

Start: Standseilbahn
Ziel: Weinbar Monarch
Strecke: 10 km
Dauer: 1 Tag, reine Gehzeit 3 Stunden

❶ Standseilbahn
❷ Petřín
❸ Hradschin
❹ Sankt-Veits-Dom
❺ Goldenes Gässchen

ÜBER DEN DÄCHERN VON PRAG

Erst einmal einen Überblick verschaffen: Mit der ❶ **Standseilbahn** *(Ticket ÖPNV-Kurzstrecke 30 Kč)* aus dem Jahr 1891 geht es von der Kleinseite in wenigen Minuten *hinauf auf den* ❷ **Petřín** ➤ S. 42. Altstadt, Kleinseite und Moldau liegen dir jetzt zu Füßen, während von links der Hradschin grüßt. Was für ein Ausblick! *Zu Fuß geht's am Eiffeltürmchen vorbei, einige Treppenstufen hinunter und durch einen Obstgarten unterhalb des* Strahov-Klosters ➤ S. 37. Für eine Pause mit herrlicher Aussicht bieten sich immer wieder Sitzbänke am Weg an.

Der Weg aus der grünen Oase hinaus führt auf die *Straße Úvoz, die du hinuntergehst, bis linker Hand steile Treppen (Radnické schody) hinauf auf den Hradčanské náměstí zum* ❸ **Hradschin** ➤ S. 31 *führen*. Die keulenschwingenden Giganten am Haupttor sind arbeitslos: Ihren Job übernimmt ein Sicherheitscheck am Nebeneingang. Nach der Kontrolle gelangst du in das riesige Areal des heutigen Präsidentensitzes. Beim Schlendern durch den Komplex darfst du zwei Highlights keinesfalls auslassen: den Besuch im ❹ **Sankt-Veits-Dom** ➤ S. 33 und den Bummel durch das ❺ **Goldene Gässchen** ➤ S. 35. *Zurück durch das Haupttor geht es nun links den* **Königsweg** ➤ S. 30 *hinunter*, den die Könige einst am Tag ihrer Krönung von der Altstadt hinauf zur Burg liefen. Heute ist er die Hauptschlagader des Tou-

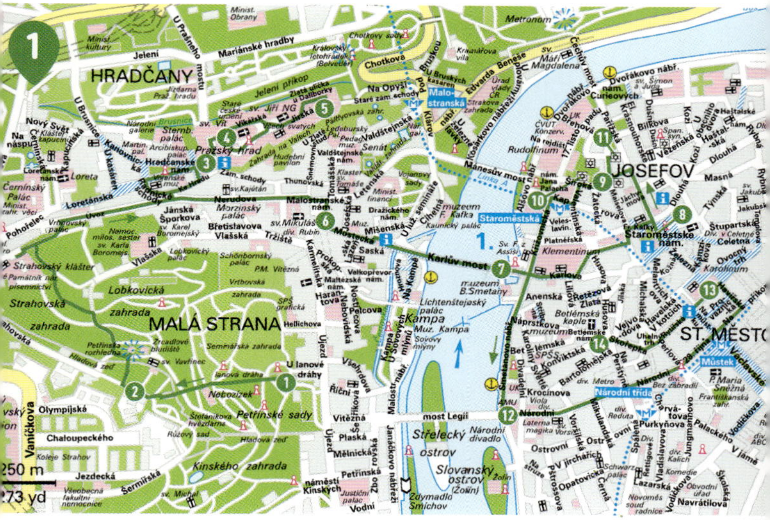

rismus – aber dennoch ein Erlebnis! Ignorier die Souvenirläden und genieß das reizvolle Wechselspiel aus Bürger- und Adelspalais entlang der Nerudova.

VON KNÖDEL ZU KAFFEE TRÖDELN

Kein Pragbesuch ohne Knödel: Im Restaurant der ❻ **Malostranská beseda** ➤ S. 80, 100 stehen immer klassisch-böhmische Gerichte auf der Speisekarte. Aber auch wer's leichter mag, wird hier fündig. Während des Essens kannst du von hier außerdem das Treiben auf dem Kleinseitner Platz beobachten. *Danach geht's durch die Mostecká auf die* ❼ **Karlsbrücke** ➤ S. 44, Prags berühmteste und älteste Moldaubrücke. Das Gedrängel ist hier groß, aber immer wieder bieten sich herrliche Ausblicke. Und die Straßenkünstler sind nicht die schlechtesten: Sie müssen ihre Lizenz regelmäßig vor einer Jury erkämpfen. *Auf der Altstadtseite heißt der Königsweg nun Karlova. Irgendwann öffnen sich die engen Gassen, und plötzlich stehst du auf dem* ❽ **Altstädter Ring** ➤ S. 46, Prags wohl schönstem Platz. Wer jetzt Erholung und einen Koffeinschub braucht, findet beides im **Café NG Kinsky** *(Staroměstke náměstí 11/ Ecke Dlouhá)* in der Nationalgalerie.

❻ Malostranská beseda

❼ Karlsbrücke

❽ Altstädter Ring

⑨ Friedhof

⑩ Pinkas-Synagoge

⑪ Altneusynagoge

⑫ Café Slavia

DURCH DIE JOSEFSTADT

Unmittelbar hinter dem Altstädter Ring – *du gehst links durch die Prachtstraße Pařížská* – liegt das Viertel Josefov ➤ S. 43. In den Überbleibseln des einstigen Ghettos, das Ende des 19. Jhs. zu einem prächtigen Gründerzeitviertel saniert wurde, begegnest du der tausendjährigen jüdischen Geschichte in Prag – am eindrucksvollsten auf dem alten ⑨ Friedhof ➤ S. 49 mit seinen unzähligen Grabsteinen. Aber vergiss nicht, auch für die ⑩ Pinkas-Synagoge ➤ S. 49 und die ⑪ Altneusynagoge ➤ S. 50, auf deren Dachboden einst der Golem gehaust haben soll, genügend Zeit einzuplanen (*Synagogen/Jüd. Friedhof 500 Kč | Synagogen: April–Okt. So–Fr 9–18, Nov.–März 10–16.30 Uhr außer an jüdischen Feiertagen | die Altneusynagoge schließt freitags eine Stunde vor Beginn der Dämmerung).*

Prager Nachmittag im Café Slavia

SCHLENDERN, SCHAUEN & SHOPPEN

Nun ist es Zeit zum Verschnaufen: *Über die Valentinská und rechts über die Kaprova geht es zur Tram-Station und mit der 18 (Ticket ÖPNV-Kurzstrecke 30 Kč) entlang der Moldau zwei Stationen bis zur Haltestelle Národní divadlo* und zum berühmten ⑫ Café Slavia ➤ S. 76. Dessen Pluspunkte sind nicht nur die leckeren Speisen und das klare Art-déco-Interieur. Denn da sind auch noch die großen Fensterscheiben, durch die du freie Sicht auf Nationaltheater, Moldaukai und Hradschin hast. Bei diesem Ausblick kann man schon mal die Zeit vergessen. Aber jetzt solltest du allmählich an ein Mitbringsel denken. Auf der Nationalstraße (Národní) und den sich anschließenden Fußgängerzonen 28. října und Graben (Na příkopě) ➤ S. 54 folgt ein Geschäft auf das andere. Genügend Inspiration …

KLANGVOLLER ABENDGENUSS

Wenn du links in die Havířská abbiegst, stößt du direkt auf das ⑬ Ständetheater ➤ S. 107, 52. Eine Oper ist hier nicht nur ein musikalisches Erlebnis, auch der klassizistische Glanz des Saals wird dich überwältigen. Mozarts „Don Giovanni" wurde hier uraufgeführt. Karten solltest du dir besser im Voraus besorgen, sicher ist sicher. Anschließend kannst du den Tag in der ⑭ Weinbar Monarch ➤ S. 98 stilvoll ausklingen lassen. Dazu musst du nur noch *ein paar Meter durch die Rytířská und die Skořepka schlendern.*

⑬ Ständetheater

⑭ Weinbar Monarch

❷ WIE MAN DURCH HÄUSER GEHT – EIN PASSAGENBUMMEL

➤ Interieurs für Insider – auf dem kürzesten Weg ins Herz von Prag
➤ Labyrinth Lucerna – zu Besuch bei Václav Havels Opa
➤ Boutiquen & Bistros: Schlendern mit Stil

Start: Lucerna-Passage
Ziel: Potrefená husa
Strecke: 1,2 km
Dauer: 3 Stunden, reine Gehzeit 30 Minuten

PEOPLE-WATCHING IN DER PASSAGE

Los geht's: Der Bummel startet in der beeindruckenden ① Lucerna-Passage, *deren Eingang an der Štěpánská 61 liegt,* direkt um die Ecke vom Wenzelsplatz ➤ S. 54. Der Gebäudekomplex wurde als Prags erster Eisenbetonbau zwischen 1907 und 1921 von Vácslav Havel errichtet, dem Großvater des langjährigen Präsidenten. Der Palast beherbergt in verzweigten Flügeln Kinos, Geschäfte und Gaststätten; im Souterrain befindet sich zudem ein Ballsaal, in dem einst kommunistische Parteitage abgehalten wurden und Karel Gott seine Weihnachtskonzerte gab. Am besten lässt sich das Treiben in der Passage durch die großen Scheiben des Lucerna-Cafés *(tgl. 13, Sa/So ab 15 Uhr)* beobachten (im Vor-

① Lucerna-Passage

raum des Kinos im ersten Stock). Von hier aus blickt man auch direkt auf das ironische Statement des Prager Künstlers David Černý zu Stolz und Staatlichkeit des Landes: Der Heilige Wenzel thront bäuchlings auf einem toten Pferd – ein postmodernes Gegenstück zur Reiterstatue des Landespatrons auf dem Wenzelsplatz.

INSIDER-TIPP
Wenzel ikonisch-ironisch

ENTSPANNTE WASSERSPIELE BEIM EISESSEN

❷ Světozor-Passage

Verlässt man die Lucerna an der Vodičková-Straße, führt gleich gegenüber der Eingang in die ❷ Světozor-Passage. Das konstruktivistische Haus wurde 1928 erbaut und erfreut sich wegen des gleichnamigen Kinos ➤ S. 103 und der Eisdiele Ovocný Světozor ➤ S. 76 großer Beliebtheit. Gönn dir hier ein Eis! Weiter rechts in der Passage befindet sich auch ein Laden für Münzen- und Briefmarkensammler. Du gehst aber nicht weiter bis zum Ende der Passage auf dem Wenzelsplatz, *sondern biegst links ab* in ein verborgenes Paradies: den ❸ Franziskanergarten ➤ S. 58. In der 1950 angelegten Großstadtoase mit ihren statuengeschmückten Brunnen verbringen viele Prager ihre Mittagspause. Der Kiesweg führt an der turmlosen gotischen Kirche Maria Schnee ➤ S. 58 vorbei zum Jungmannovo náměstí.

❸ Franziskanergarten

❹ Adria-Passage

An der Statue des slawischen Philologen Josef Jungmann (1773–1847) vorbei, der dem Platz seinen Namen gab, *geht es über die Straße in die Jungmannova 35 und damit in die* ❹ Adria-Passage. Das rondokubistische Gebäude im Stil venezianischer Renaissancepaläste wurde 1924 als Sitz einer Versicherungsgesellschaft errichtet und beherbergt neben Geschäften ein Restaurant und ein Theater. Früher war hier das berühmte Schwarzlichttheater Laterna magika ➤ S. 107, 59 ansässig. Die Fassade schmücken Skulpturen und eine Son-

In der Lucerna-Passage hängt der ironische Kontrapunkt zur Wenzel-Statue

nenuhr der renommierten Bildhauer Otto Gutfreund und Bohumil Kafka. Besonders auffällig ist die **Seefahrtsstatue** von Jan Štursa (1924).

MOZART WAR MITTENDRIN

Am Ausgang stößt du auf die **Národní třída**, die Nationalstraße, und kehrst damit in den Trubel der Großstadt zurück. *Doch nur 100 m die Straße hinunter, auf der Gegenseite, führt dich hinter dem Haus Nr. 37 ein schmaler Gang über den* **5 Platýz-Hof** *zum* **6 Uhelný trh (Kohlenmarkt)**. Das Platýz war in der Mitte des 13. Jhs. an der Stelle der Stadtmauer erbaut worden (Reste davon befinden sich im Keller) und diente nach einem Umbau zu Beginn des 19. Jhs. als eines der ersten Mietshäuser Prags. 1846 trat hier auch Franz Liszt auf (seine Gedenktafel hängt am Tor zum Uhelný trh). Jetzt erst mal verschnaufen und den Blick schweifen lassen: Auf dem Kohlenmarkt kannst du auf einer der Bänke eine Pause einlegen. Im Haus Nr. 420 wohnte 1787 Wolfgang Amadeus Mozart – eine Gedenktafel erinnert daran. Aus seinem Fenster konnte

5 Platýz-Hof

6 Uhelný trh

der Meister die Köhlerei sehen, die sich bis 1807 in der Mitte des Platzes befand. Heute steht dort der **Wimmer'sche Brunnen**. Der Bildhauer Frantisek Xaver Lederer schuf das klassizistische Werk mit Allegorien des Wein- und Gartenbaus 1797 für den Mäzen Jakob Wimmer, der es der Stadt schenkte. Nach der Umgestaltung der Národní třída stellte man den Brunnen 1951 hier auf.

ERST KIRCHE, DANN OBSTKNÖDEL

Neben dem Mozart-Haus führt das Gässchen Martinská zu der altertümlichen Kirche **St. Martin an der Mauer**. Ihren Namen verdankt sie der ehemaligen Lage direkt an der Stadtmauer, inzwischen ist sie aber eng von Wohn- und Geschäftshäusern umstellt, die ihr längst über den Kopf gewachsen sind. In dem Gotteshaus reichten Hussiten 1419 erstmals den Kelch mit Messwein auch den Gläubigen und stellten sich damit gegen die Kirche. Sonntags um 10.30 Uhr werden Gottesdienste auf Deutsch gefeiert. Außerdem stehen abends häufig schöne Konzerte auf dem Programm. *Links an der Kirche vorbei geht es durch einen kleinen Durchgang zurück auf die Národní třída.* Ein paar Meter weiter links liegt das Restaurant **7 Potrefená husa** *(tgl. ab 11 Uhr | Národní třída 39 | Tel. 734756900 | €€)*, in dem du den Rundgang bei deftiger Küche beenden kannst. Wenn du Glück hast, sind zum Nachtisch auch Obstknödel im Angebot. Lass sie dir schmecken!

7 Potrefená husa

IN ART-DÉCO-GENUSS SCHWELGEN

Wer noch nicht genug hat von den Durchhäusern, der sei verwiesen auf die Jalta-Passage *(Václavské náměstí 43)*, in der sich einst ein beliebtes Kino befand und heute ein Theater seinen Sitz hat, und das etwas protzige *Koruna-Palais (Václavské náměstí 1)* aus dem Jahr 1911. Auch die *Dlouhá-Passage (Dlouhá 39)* im Art-déco-Stil ist einen Besuch wert: Hier gibt es nicht nur etwas zu gucken, sondern du kannst auch gut essen. Denn neben einem Theater haben hier viele kleine Schlemmerläden ihren Platz gefunden. Probier einfach einen aus.

3 DURCH DES KAISERS NEUSTADT ZU DVOŘÁK UND SCHWEJK

- Visionäres Mittelalter: Karls Großstadt-Baustelle
- Abstecher nach Amerika: Dvořák und die Neue Welt
- Von Schwejks Stammkneipe zum Bananenbier

Start: U kalicha
Ziel: Pivovarský dům
Strecke: 2,6 km
Dauer: 3 Stunden, reine Gehzeit 1 Stunde

HIER SCHWEIGT KEINER ÜBER SCHWEJK

Dein Spaziergang *beginnt in der Straße Na Bojišti 12–14* mit einem der bekanntesten Tschechen: dem braven Soldaten Schwejk. In der Bierstube 1 **U kalicha (Beim Kelch)** *(tgl. ab 11 Uhr)* zechte der Soldat Josef Schwejk regelmäßig mit seinen Kumpanen. So zumindest erzählt es der Schriftsteller Jaroslav Hašek in seinem Buch. Er gehörte selbst zu den Stammgästen im „Kelch“, dessen Wände die berühmten Schwejk-Illustrationen von Josef Lada zieren. Heute ist die einstige Spelunke ein offensichtlicher Touristenmagnet inklusive Souvenirshop mit Schwejk-Devotionalien. Eine Erfrischung kannst du dir hier schon gönnen, den richtigen Hunger solltest du dir aber für das Restaurant am Ende der Tour aufsparen, wo Preise und Essen viel besser sind.

1 U kalicha

DVOŘÁKS BRILLE

Rechts um die Ecke wird in der Ke Karlovu 20 eines anderen berühmten Tschechen gedacht: Das 2 **Dvořák-Museum** ➤ S. 60 ist ganz dem Leben und Werk des Nationalkomponisten Antonín Dvořák (1841–1904) gewidmet. In dem „Villa Amerika“ genannten barocken Lustschloss des Baumeisters Kilian Ignaz Dientzenhofer kann man Brille, Talar, Klavier und natürlich jede Menge Noten des tschechischen Weltbürgers bestaunen.

2 Dvořák-Museum

❺ Karlsplatz

❻ Pivovarský dům

BANANE IM PILS

Weiter geht es *die Vyšehradská entlang* bis zum Prunkstück der weitsichtigen Stadtplanung von Karl IV.: zum ❺ Karlsplatz. Der größte Platz Prags (510 mal 130 m) wurde lange Zeit als Viehmarkt genutzt, heute ist er ein Park, der allerdings von mehreren wichtigen Verkehrsachsen zerschnitten wird. An der Südseite (Nr. 40) steht das Fausthaus, in dem Ende des 16. Jhs. der Alchemist Edward Kelley wohnte. Wenn du den Karlsplatz überquerst und an der pompösen Barockkirche St. Ignatius *rechts hoch in die Geschäftsstraße Ječná einbiegst, kommst du an der Ecke Lípová* zum ❻ Pivovarský dům ➤ S. 82. In diesem Restaurant mit eigener Minibrauerei kommt zum Abschluss des Spaziergangs böhmische Küche auf den Tisch – und für alle Probierfeudigen eines der wechselnden Spezialbiere aus dem Hausangebot. Normales *pivo* ist aber auch zu haben.

❹ DER PETŘÍN – PRAGS GRÜNER HAUSBERG

- ➤ Durchatmen auf Prags grünem Balkon
- ➤ Rundflug auf Füßen: Panoramablick zum Abheben
- ➤ Gärten & Geschichte: Von Holzkirchen und Botschaftszäunen

Náměstí Kinských (Kinský-Platz)

Malostranská beseda

3,8 km

halber Tag, reine Gehzeit 1 Stunde

❶ Náměstí Kinských

❷ Kinský-Lustschloss

VOM LUSTSCHLOSS ZUR HUNGERMAUER

Der Spaziergang auf den 327 m hohen Petřín beginnt am ❶ Náměstí Kinských (Kinský-Platz). Von dort geht es entlang alter Bäume zu einer ausgedehnten Rasenfläche, die bereits 1825 angelegt wurde. Am oberen Ende steht das ❷ Kinský-Lustschloss, das das *Museum für Volkskultur (Di–So 10–18 Uhr | Tel.*

2 57 21 48 06 | 80 Kč) mit Sammlungen zur tschechischen und europäischen Folklore beherbergt. *Hinter dem eindrucksvollen Empiregebäude geht es leicht bergauf* zu der etwas versteckt liegenden kleinen barocken Holzkirche ❸ **St. Michael**. Sie stammt eigentlich aus der Karpato-Ukraine, wurde aber 1929 auf den Petřín „verpflanzt" und 2020 durch einen Brand fast völlig zerstört. *Du lässt die Kirche links liegen und folgst dem Weg weiter,* der wenig später eine Mauer kreuzt – die gotische ❹ **Hungermauer (Hladová zed')** aus dem Jahr 1360. Der Sage nach hat Karl IV. sie als Teil der Stadtbefestigung nach einer Missernte bauen lassen. Tausende von Hungernden fanden dadurch Arbeit und bekamen als Lohn Lebensmittel aus den königlichen Vorratskammern. *Die Mauer säumt den Weg bis auf den Gipfel.*

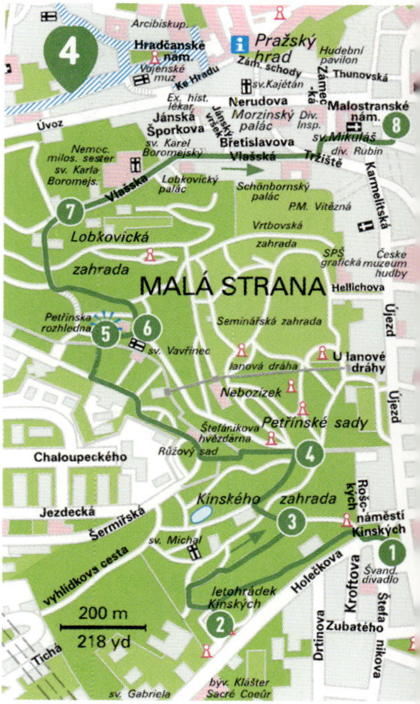

❸ St. Michael

❹ Hungermauer

❺ Eiffeltürmchen

❻ Spiegellabyrinth

TRAUMHAFTE AUSBLICKE VOM PRAGER EIFFELTURM

Oben angekommen, geht es noch höher hinauf: Vom 63,5 m hohen ❺ **Eiffeltürmchen (Petřínská rozhledna)** ➤ S. 42 hast du einen fantastischen Blick über die Stadt. Die 1891 errichtete Eisenkonstruktion mit ihren 299 Stufen ist tatsächlich eine Kopie des Pariser Originals. Im gleichen Jahr wurde das benachbarte ❻ **Spiegellabyrinth (Bludiště na Petříně)** ➤ S. 42 angelegt, in dem sich auch ein 90 m² großes, dreidimensionales Schaubild befindet, das den Kampf der Prager gegen schwedische Truppen auf der Karlsbrücke ➤ S. 44 zum Ende des Dreißigjährigen Kriegs im Jahr 1648 zeigt.

NOCH MEHR AUSSICHTEN ERHASCHEN

Jetzt geht es wieder bergab: Vom Eiffeltürmchen aus an einem Kreuzweg vorbei und ein paar Treppenstufen hinunter in Richtung Vlašská. Wenn das Wetter gut ist,

Im Spiegellabyrinth auf dem Petřín sieht man mehr als doppelt

7 Garden Café Taussig

solltest du jetzt unbedingt im 7 Garden Café Taussig *(nur im Sommer Mo–Fr ab 13 Uhr, im Hochsommer auch Sa/So Uhr | Vlašská 25)* einkehren. Ein schönerer Blick auf den Hradschin als von den Plätzen ganz oben auf der Wiese ist kaum zu haben. Im Café arbeiten übrigens auch geistig behinderte Menschen, die auf dem normalen Arbeitsmarkt keine Chance hätten.

8 Malostranská beseda

Danach geht es *die Vlašská weiter hinunter,* vorbei am Lobkowicz-Palais, in dem seit 1975 die deutsche Botschaft in untergebracht ist. Ein Stichweg führt zum Botschaftsgarten. Tausende DDR-Flüchtlinge erzwangen hier im Herbst 1989 ihre Ausreise in den Westen und trugen zum Fall des Regimes in Ost-Berlin bei. Zum Abschluss des Spaziergangs gibt es böhmische Küche in der 8 Malostranská beseda ➤ S. 80, 100. Ein Tipp für Musikfans: Im Saal im ersten Stock spielen abends oft gute Bands. Ein Tipp für alle, die den Weg abkürzen möchten: Eine historische *Standseilbahn (Einzelfahrt: 60 Kč, in Zeittickets ab 24 Std. enthalten)* verbindet die Straßenbahnstation Újezd mit dem Petřín-Gipfel. Die 510-m-Fahrt verschafft einen herrlichen Blick über die Altstadt.

5 VON DEN WEINBERGEN INS SZENEVIERTEL KARLÍN

- Cafés, Kultur und coole Kirchen
- Prags Fernsehturm: hübsch-hässlicher Höhe-Punkt
- Everybody´s Karlín: neue Blüte in alten Straßen

Nationalmuseum

Lokál Hamburk

4,7 km

halber Tag, reine Gehzeit 1½ Stunden

VON RUNDFUNK UND MAULWÜRFEN

Los geht es am 1 Nationalmuseum ➤ S. 56. *Geh die geschäftige Vinohradská bergauf.* Vor dem funktionalistischen Bau des Tschechischen Rundfunks (Nr. 12) fanden zweimal blutige Kämpfe statt: 1945, um ihn aus der deutschen Besatzung zu befreien, 1968, um ihn vor sowjetischer Besatzung zu beschützen. Gedenktafeln erinnern an diese Zeiten. Im 2 Rundfunk-Shop *(Mo–Fr 9–18 Uhr)* kannst du gut klassische CDs kaufen oder tschechische Kinderfilme auf DVD, zum Beispiel die Geschichten vom kleinen Maulwurf. Um in eine der prächtigsten Straßen von Vinohrady zu gelangen, *biegst du links in die Balbínova ab, dann rechts in die Mánesova*. Hier heißt es Fassaden gucken. Für eine gemütliche Pause bietet sich das 3 Kaaba *(Nr. 20, Mo–Fr ab 8, Sa ab 9, So ab 10 Uhr)* an, ein Café im Retrostil der 1950er-Jahre.

INSIDER-TIPP
Maulwurf shoppen

1 Nationalmuseum

2 Rundfunk-Shop

3 Kaaba

HOCH HINAUF UND TIEF HINUNTER

Oben auf dem Náměstí Jiřího z Poděbrad angekommen, überrascht die 4 Herz-Jesu-Kirche ➤ S. 62des slowenischen Architekten Jože Plečnik. Ein wuchtiger, tempelhafter Bau aus den 1920er-Jahren, nicht jedermanns Geschmack, aber Prags originellste Kirche, ein echter Hingucker. *Links über die Laubova, den Škrou-*

4 Herz-Jesu-Kirche

❺ Fernsehturm

❻ Jüdischer Friedhof

❼ Muj šálek kávy

povo náměstí und rechts in die Pospíšilova geht es weiter zum ❺ **Fernsehturm** ➤ S. 63 – und damit nach Žižkov. Der Panoramablick von oben lohnt einen Zwischenstopp oder auch einen Besuch im Restaurant **Oblaca** ➤ S. 79. Auf dem kleinen Parkgelände zu Füßen des Turms lag ab dem 17. Jh. ein ❻ **jüdischer Friedhof** *(z. Zt. geschlossen)* von dem heute nur ein kleiner Teil übrig ist.

Die Víta Nejedlého hinunter kommst du am bunt angestrichenen **Palác Akropolis** ➤ S. 101, einem angesagten Kulturzentrum, und mehreren Kneipen vorbei. *Du biegst nun rechts ab in die Vlkova, dann querst du die Seifertova und gehst weiter die Milíčova hinunter. Noch ein Stück durch die Chlumova und du landest auf dem Tachovské náměstí* unterhalb des Vítkov-Hügels mit dem riesigen, gut 16 t schweren **Reiterstandbild** von Hussitenführer Jan Žižka. *Jetzt heißt es abtauchen in den finsteren, aber ungefährlichen Fußgängertunnel*, der eigentlich als Luftschutzkeller gedacht war. *Nach 300 m bist du wieder am Tageslicht* – und in Karlín. Gleich rechter Hand in der Pernerova 55 liegt der große Komplex des Economia-Verlags, der zahlreiche wichtige tschechische Tages- und Wochenzeitungen herausgibt.

Prags Fernsehturm – höchster des Landes

IN KUNST UND SZENE EINTAUCHEN

Du biegst nun links in die Šaldova ab, dann noch einmal links in die Křižikova. Süße Gelüste lassen sich hier im trendigen Café ❼ **Muj šálek kávy** ➤ S. 75 stillen. Weiter Richtung Zentrum lag links noch vor Kurzem der legendäre Atelierkomplex Karlín Studios – er musste der Erweiterung eines Geschäftszentrums weichen. Rund um den Hauptplatz

Karlínske náměstí halten aber eine Reihe kleiner, interessanter Galerien den Ruf des Kunst- und Szeneviertels aufrecht: die Galerie Navrátil *(Vítkova 15 | literanavratil.cz)*, die Galerie Viper *(Vítkova 2 | vipergallery.org)*, die Hauch Gallery *(Pobřežní 20a | hauchgallery.com)* und die 8gallery *(Prvního pluku 6 | 8gallery.cz)*. Im ❽ Lokál Hamburk *(Tgl. ab 11 Uhr | Sokolovská 55 | Tel. 222310361 | lokal-hamburk.ambi.cz | €)* am Karlínske náměstí gibt es zum Abschluss des Spaziergangs richtig gute böhmische Bistroküche. Und natürlich ein *pivo*.

❽ Lokál Hamburk

GUT ZU WISSEN

DIE BASICS FÜR DEINEN STÄDTETRIP

ANKOMMEN

ANREISE

Aus Richtung Nürnberg führt ab dem Grenzübergang Waidhaus/Rozvadov eine Autobahn über Plzeň (Pilsen) nach Prag (D5/E50), die Autobahn aus Richtung Dresden (D8/E55) bringt dich über Ústí nad Labem (Aussig) nach Prag, und aus Richtung Österreich ist die schnellste Verbindung die Bundesstraße (E55) über České Budějovice (Budweis).

Für die Nutzung der Autobahnen und zahlreicher Schnellstraßen ist eine Vignette erforderlich. Sie ist online erhältlich *(edalnice.cz)*, außerdem in allen Postfilialen und an SB-Kiosken an der Grenze. (310 Kč/10 Tage; 440 Kč/Monat; 1500 Kč/Jahr).

Bequemer als mit dem Auto ist die Fahrt mit der Bahn: Von Berlin (4,5 Std.) und von München (5,5 Std.) gibt es täglich mehrere Bahnverbindungen. Richtung Österreich gibt es Direktverbindungen mit Wien, Linz und Graz. Die Züge enden am zentralen *Hauptbahnhof (Hlavní nádraží)*, einige auch schon an der Station *Nádraží Holešovice* im gleichnamigen Stadtteil; beide mit Metro zum Zentrum.

GRÜN & FAIR REISEN

Du willst beim Reisen deine CO_2-Bilanz im Hinterkopf behalten? Dann kannst du deine Emissionen kompensieren *(atmosfair.de; myclimate.org)*, deine Route umweltgerecht planen *(routerank.com)* oder auf Natur und Kultur *(gate-tourismus.de)* achten. Mehr über ökologischen Tourismus erfährst du hier: *oete.de* (europaweit); *germanwatch.org* (weltweit).

Mit der Tram 22 durch Prag

Zwischen zahlreichen deutschen Städten und Prag bestehen regelmäßige und auch sehr komfortable Fernbusverbindungen – in der Regel die preiswerteste Möglichkeit für einen Trip in die Goldene Stadt. Sie enden meist am Busbahnhof *Florenc (Metro B/C)* *(▯ H3)*.

Billigflüge nach Prag bieten u.a. Eurowings und Ryanair an. Der Prager Flughafen *Václav Havel* liegt 16 km vor der Stadt. Tagsüber fahren dort ungefähr alle zehn Minuten Linienbusse ins Zentrum (Fahrpreis 40 Kč): die Linie 100 in den Westen zur Station *Zličín* der Metrolinie B, die 191 zur Station Na Knížecí / Anděl (Metro B) und die 119 zur Station *Nádraží Veleslavín* der Metro A. Außerdem gibt es den Airport-Express-Bus (AE), der zwar etwas teurer ist (60 Kč), dafür alle 30 Minuten direkt zum *Hauptbahnhof (Hlavní nádraží)* fährt. Alle Verbindungen gelten auch in der Gegenrichtung. Wer mit dem Taxi fahren will, sollte sich an die Wagen der Firmen AAA oder TickTack-Taxi halten. Der Preis ins Zentrum dürfte je nach Ziel bei ungefähr 700 Kč liegen.

EINREISE

Tschechien ist Mitglied des Schengen-Raums, Grenzkontrollen gibt es also nicht. Den Personalausweis musst du aber trotzdem dabeihaben.

KLIMA & REISEZEIT

Prag liegt in der Zone des gemäßigten Kontinentalklimas mit tendenziell kalten Wintern und heißen Sommern. Die gemittelten Höchstwerte in den wärmsten Monaten Juli und August liegen bei 25 Grad Celsius; am kältesten ist der Januar um 0 Grad.

Die Stadt ist ein typisches Ziel für Euro-Weekends: Wirklich ruhig ist es in Prag nur im Winter (November bis Februar), dann sind auch die Unterkünfte deutlich billiger. Umgekehrt gilt: Für alle Feiertage und bevorzugte Reisewochenenden (Weihnachten, Silvester, Ostern) sollte man unbedingt früh buchen!

MOBIL SEIN

AUTO

In Tschechien herrscht absolutes Alkoholverbot am Steuer. Innerorts beträgt die Höchstgeschwindigkeit 50 km/h, außerhalb 90 km/h, auf Autobahnen 130 km/h. Es gilt ganzjährig Lichtpflicht, außerdem von November bis März Winterreifenpflicht.

Im Zentrum von Prag gibt es Anwohner-Parkplätze (blaue Fahrbahnmarkierung). Mit der Parkuhr-App Virtuální parkovací hodiny *(mpla.cz/praha)* kann man hier kurz kostenpflichtig stehen bleiben. Parkschilder mit Farbbalken in Grün, Orange oder Violett zeigen an, dass hier auch Auswärtige parken dürfen (Ticketautomat oder Park-App). Falschparker werden schnell und radikal für ca. 5000 Kč abgeschleppt. Eine Alternative zu den teuren Parkdecks (ca. 1000 Kč/24 Std.) sind bewachte Parkplätze (ca. 50 Kč/Std.). Ein Parkhaus gibt es z. B. am *Náměstí Jana Palacha*, Einfahrt vom *Dvořákovo nábřeží*.

CARSHARING

Car4Way: Der größte Anbieter führt auch Transporter und Kombis. Registrierung online, Freischaltung innerhalb von 24 Stunden. Kaution 10 000 Kč, Mietpreise ab 1,90 Kč/Min. bzw. 1090 Kč/Tag. *car4way.cz*

Anytimecar: Flotte aus mehreren Hundert Klein- und Kompaktwagen, Preise ab 3,67 Kč/Min., Tagestarif ab 429 Kč zzgl. 6,39 Kč/km. Registierung online, in der Regel innerhalb von 30 Min . *anytimecar.cz*

FAHRRAD & MIKROMOBILITÄT

Prag ist keine Fahrradstadt, dafür sorgen schon Kopfsteinpflaster und die hügelige Lage. Anderseits nimmt der Zweiradverkehr stark zu – auch dank Sharing-Projekten: Fahrräder *(rekola.cz)*, E-Bikes und Miniscooter *(li.me/de)* oder Elektro-Motorroller *(be-rider.com)* stehen überall in der Innenstadt zur Verfügung und sind per App unkompliziert zu mieten. Offiziell entstehen viele Fahrradwege – meist aber nur, indem Radlersymbole auf vielspurige Ausfallstraßen gepinselt werden. Helm und große Umsicht sind nötig, denn die Prager Autofahrer sind immer noch nicht daran gewöhnt.

ÖFFENTLICHE VERKEHRSMITTEL

Im öffentlichen Personennahverkehr können gleiche *jízdenky* (Fahrkarten) für Straßenbahn, Metro und Bus sowie für die Moldau-Linienbötchen benutzt werden. Das 30-Kč-Ticket gilt für Fahrten bis zu 30 Min., das 40-Kč-Ticket für 90 Min. Dabei kann man beliebig oft umsteigen. Kinder unter 15 und Senioren über 70 Jahren fahren umsonst. Ausweis mitführen! Hunde (nur mit Leine und Maulkorb) fahren gratis; für ein großes Gepäckstück muss man ein 20-Kč-Ticket lösen.

Fahrkartenautomaten gibt es in allen Metrostationen, an vielen Haltestellen sowie in den Straßenbahnen (dort Zahlung nur mit kontaktloser Karte). Fahrkartenschalter finden sich am Flughafen und in den zentralen Metrostationen. Tickets gibt es außerdem in vielen Tabakläden *(trafika)*: *24-Std.-Ticket 120 Kč, 72-Std.-Ticket 330 Kč*.

Schwarzfahren kostet bis zu 1500 Kč, Kontrollen sind häufig. Die *tramvaj* (Straßenbahn) verkehrt bis in die Vorstädte, die Hauptstrecken werden nachts von den 90er-Linien befahren, die zentrale Umsteigestation ist dann *Lazarská*. Die Metro fährt zwischen 5 und 24 Uhr.

TAXI

Trotz des Tarifdeckels von 28 Kč pro km verlangen einige Fahrer immer noch Fantasiesummen. Verlassen kann man sich aber in der Regel auf die Dienste der beiden großen Taxi-Unternehmen *AAA (Tel. 1 40 14* und *Tel. 2 22 33 32 22)* und *City-Taxi (Tel. 2 57 25 72 57)*. Eine kleine Hilfe erhalten Besucher an zentralen Stellen in der City durch „fair place"-Schilder, die überprüfte Taxistände ausweisen. Dort werden außerdem Orientierungspreise für besonders frequentierte Strecken aufgelistet. Generell gilt: Besteh darauf, dass der Taxameter eingestellt wird – das ist Pflicht. Wer Preise aushandelt, zahlt immer drauf.

Die Quittung muss aus dem Taxameter ausgedruckt werden, handschriftliche Belege haben keine Gültigkeit. Die Grundgebühr für eine Fahrt beträgt übrigens 40 Kč, eine Wartezeit wird mit bis zu 6 Kč/Min. verrechnet.

INSIDER-TIPP
Taxi ohne Tricks

Eine transparente Alternative zum Taxistand ist die Taxi-App Liftago.

Ein heißer Tipp für Autofahrer, deren Alkoholpegel über der strengen Null-Promillegrenze liegt: Die sogenannten „blauen Engel" *(Modrý anděl | Tel. 7 37 22 23 33)* fahren dich in deinem eigenen Wagen sicher nach Hause.

VOR ORT

AUSKUNFT

TIC (TOURIST INFORMATION CENTER)

– *Altstädter Rathaus | Staroměstské náměstí 1 (▢ G4) | tgl. 9–19, Jan.-März 10–19 Uhr*
– *Rytířská 12 (▢ G4) | tgl. 9–19 Uhr*
Flughafen | Terminal 1 und 2 (▢ 0) | tgl. 9–19 Uhr
– *Tel. 2 21 71 47 14 | prague.eu/de*

BANKEN & GELDWECHSEL

Zum Bargeldtausch in einer Bank benötigt man den Personalausweis. Bei Wechselstuben im touristischen Zentrum sollte man jedoch aufpassen: Die Kurse sind hier oft miserabel. Kunden haben das Recht, einen Umtausch bis 1000 Euro innerhalb von 3 Stunden an der gleichen Filiale rückgängig zu machen. Stößt man auf Unwilligkeit, sollte man nicht davor zurückscheuen, die Polizei dazuzuholen!

Im Zentrum gibt es zahlreiche Geldautomaten. Manche bieten optional die Abrechnung in Euro an. Auch hier sollte man achtgeben: Für den scheinbar transparenten Service werden horrende Gebühren kassiert. Fast alle Hotels, Geschäfte und Restaurants akzeptieren Kreditkarten, viele auch Euro.
Bei Verlust der Kreditkarte hilft die zentrale Notfallrufnummer *0049 116116*.

FEIERTAGE

1. Jan.	Neujahr*
März/April	Karfreitag, Ostermontag*
1. Mai	Tag der Arbeit
8. Mai	Ende des Zweiten Weltkriegs*
5. Juli	Tag der Slawenapostel Kyrill und Method
6. Juli	Todestag des Reformators Jan Hus 1415
28. Sept.	Tag des hl. Wenzel*
28. Okt.	Gründungstag der Republik 1918*
17. Nov.	Tag des Freiheitskampfs
24.–26. Dez.	Weihnachten*

* Geschäfte über 200 m² müssen geschlossen bleiben

INTERNET & WLAN

In fast allen Cafés und Kneipen sowie in vielen Geschäften gibt es kostenlosen WiFi-Zugang. Internetcafés sind komplett aus dem Straßenbild verschwunden. Dringende Ausdrucke oder Scans kann man im Copyshop erledigen, z. B. bei *GeneralCopy* *(▥ H4)* *(Senovážné nám. 26)*.

KARTENVORVERKAUF

Ticketportal *(▥ C4)* *(Divadlo Hybernia | nám. Republiky 4)*; *Ticketmaster* *(▥ G4)* *(in der TIC-Touristeninformation | Rytířská 12)* und im *Altstädter Rathaus* *(▥ G4)* oder digital über *goout.cz*

ÖFFNUNGSZEITEN

In Tschechien gibt es keine Ladenschlusszeiten. Einzig an einigen Feiertagen müssen größere Geschäfte geschlossen bleiben. Sonst haben Einkaufszentren und Supermärkte in der Regel bis 21 Uhr geöffnet, auch an Sonntagen. Bei einigen Hypermärkten kann man nonstop rund um die Uhr seinen Einkauf erledigen (z. B. *Tesco Eden* *(▥ M7)* *(U Slavie 3 | Straßenbahn 6, 7, 22, 24 Slavia)*.

POST

Hauptpost: *Jindřišská 14* *(▥ G4)* *Tel. 221131111 | Metro Můstek A, B.* Briefe und Postkarten ins europäische Ausland kosten 35 Kč (alternativ: Buchstabenmarke E).

PRAGUE VISITOR CARD

Stadtpass und ÖPNV-Netzkarte für deaktive Kulturtouristen – recht hochpreisig, doch dafür gibt es Gratiseintritt zu Dutzenden Sehenswürdigkeiten. Gültigkeit 48/72/120 Stunden, 1800/2450/3600 Kč, Kinder bis 14 Jahre zahlen die Hälfte, Schüler / Studenten bis 25 Jahre haben ca. 25 % Ermäßigung. Erhältlich in den TIC-Touristeninformationen oder als ePass online unter *praguevisitorpass.eu*

PREISE & WÄHRUNG

Es gibt Münzen zu 1, 2, 5, 10, 20 und 50 Kč. Banknoten sind in Scheinen zu

100, 200, 500, 1000, 2000 und 5000 Kč erhältlich. Hellerbeträge werden an der Kasse gerundet. Aktuelle Kurse z. B. auf *oanda.com*
Prag ist für westliche Touristen immer noch günstig. Unterschätz aber nicht die Geschäftsleute im Stadtzentrum: In den Restaurants, Hotels und Läden dort zahlst du Großstadtpreise. Stabil und günstig sind die Preise für Kultur: Kinokarten kosten etwa 8 Euro, Museen zwischen 3 und 12 Euro, für gutes Theater oder ein Konzert solltest du mit 28 Euro rechnen. In Clubs steigt der Preis von sonst 8 auf 20 Euro, wenn ein ausländischer DJ auflegt oder ein internationaler Act ansteht.

STADTFÜHRUNGEN

Offizielle Fremdenführer und Rundfahrten kann man bei den Tourist Centern TIC buchen. Zahlreiche Reisebüros in der Stadt bieten nahezu identische Ausflüge zu recht unterschiedlichen Preisen an – ein Vergleich lohnt sich also.
Größte Anbieter sind das *Čedok* *(▯ G4)* *(Na Příkopě 18 | Tel. 221447242)* und *Martin Tour* *(▯ G5)* *(▯ G3)* *(Pařížská 1 | Tel. 777318198)*. Über alternative Stadtrundgänge informieren Plakate (auch in Deutsch und Englisch) im Zentrum. Treffpunkt ist meist der Pulverturm am Náměstí Republiky oder der Altstädter Ring.
Wer will, kann auch auf den Spuren der politischen Korruption wandeln: *Corrupt Tours (Buchung unter Tel. 739990080 | corrupttour.com)* führt dich zu Orten, wo Steuergelder versickerten. Frech und witzig präsentieren die engagierten Stadtführer die Schauplätze großer Affären: ein Rundgang durch Prag als „bestechendes" Erlebnis!

INSIDER-TIPP **Lass dich bestechen!**

Eine besonders schöne Art, Prag zu entdecken, ist die Fahrt mit einem Schiff auf der Moldau. Plätze auf einem der Ausflugsschiffe kann man direkt am Kai *(Rašínovo nábřeží (▯ F6)* oder *Dvořákovo nábřeží (▯ F3))* oder bei *Čedok (▯ G4) (Na Příkopě 18 | Tel. 221447242)* buchen.

TELEFON & HANDY

In Tschechien sind alle Nummern neunstellig, sowohl im Fest- als auch im Mobilnetz. Der Landesvorwahl 00 420 folgt keine lokale Vorwahl, da diese in die Festnetznummern integriert ist. Handynummern beginnen mit 6 oder 7. In Notfällen hilft die Auskunft weiter: *Tel. 1180*. Es gelten die üblichen Vorwahlen nach Deutschland (0049), Österreich (0043) und in die Schweiz (0041).
Seit dem Ende der Roaming-Gebühren telefonieren auch in Tschechien Reisende aus dem EU-Ausland mit ihrem Mobiltelefon zum heimischen Inlandstarif. Für manche Apps und Dienste ist der Besitz einer tschechischen SIM-Karte notwendig. In allen Tabakläden *(trafiken)* gibt es günstige Prepaid-Karten verschiedener Mobilfunkbetreiber.
Die letzte Telefonzelle Tschechiens wurde im Sommer 2021 abmontiert. In Shoppingzentren und an manchen Haltestellen gibt es stattdessen USB-Ladepunkte für Handys und mobile Geräte – teils sogar als Ladetresor *(charge-box.cz)*.

TRINKGELD
Für guten Service werden im Restaurant oder Café ca. 10 % der Rechnungssumme erwartet. Das Trinkgeld ist aber freiwillig und sollte keinesfalls vom Personal selbst auf die Rechnung aufgeschlagen werden.

VERANSTALTUNGSKALENDER
Ein umfangreiches Veranstaltungsprogramm auch in deutscher Sprache bietet das offizielle Tourismusportal *www.prague.eu*. In vielen Gaststätten und in TIC-Centern liegen außerdem Gratismagazine zum Mitnehmen aus.

WAS KOSTET WIE VIEL?

Museum	3–12 Euro *für ein Ticket*
Espresso	2 Euro *für eine Tasse*
Zoo	10 Euro *für einen Erwachsenen*
Bier	2 Euro *für ein Glas (0,5 l)*
Metro	1,60 Euro *für ein Ticket (90 Min.)*
Imbiss	3,50 Euro *für ein Würstchen*

ZOLL
Zollkontrollen an der Grenze gibt es zwar nicht mehr, Stichproben sind aber durchaus möglich. Pro Erwachsenem darf man bei der Einreise aus Tschechien Folgendes zollfrei mitführen: 800 Zigaretten, 400 Zigarillos, 200 Zigarren, 1 kg Tabak, Wein in unbegrenzter Menge sowie 110 l Bier, und 10 l Spirituosen und Medikamente für den Eigenbedarf. Einfuhr von Kraftstoff: Zusätzlich zu einem vollen Tank darf man einen 20-l-Kanister dabeihaben. *zoll.de, ezv.admin.ch*

NOTFÄLLE

DIPLOMATISCHE VERTRETUNGEN

DEUTSCHE BOTSCHAFT
(🕮 D4) Vlašská 19 | Praha 1 | Tel. 257113111 | prag.diplo.de | Metro A Malostranská

ÖSTERREICHISCHE BOTSCHAFT
(🕮 E6) Viktora Huga 10 | Praha 5 | Tel. 257090511 | aussenministerium.at/prag | Metro B Anděl

SCHWEIZER BOTSCHAFT
(🕮 C2) Pevnostní 7 | Praha 6 | Tel. 220400611 | eda.admin.ch/prag | Metro A Dejvická

FUNDBÜRO
Karolíny Světlé 5 (🕮 F4) | Tel. 224235085 | Metro B Národní třída

GESUNDHEIT
Der Erste-Hilfe-Dienst steht im Notfall zur Verfügung, die Behandlung ist in der Regel kostenlos.
- *Nachtdienst-Apotheke: Lékárna (🕮 G5) (Palackého 5 | Tel. 224946982)*
- *Krankenhaus: Nemocnice Motol (🕮 0) (V Úvalu 84 | Tel. 224431111 | Metro A Nemocnice Motol)*, fremdsprachiger Dienst

– Zahnärztlicher Notdienst: Městská poliklinika Praha (G5) (Mo–Do 18–23.30, Fr–Mo 16–6 Uhr durchgehend | Spálená 12 | Tel. 222 924 268 | Metro B Národní třída)

NOTRUF

Zentraler Notruf: Tel. 1 12; Feuerwehr: Tel. 1 50; Polizei: Tel. 1 58; Pannenhilfe: Tel. 12 30; Rettungsdienst: Tel. 1 55

WICHTIGE HINWEISE

NEPP IM RESTAURANT

Wie an vielen touristischen Stätten, gibt es auch in Prag Nepper und Betrüger an wichtigen touristischen Orten. So kann es passieren, dass im Restaurant Gedeck, Livemusik oder der freundlich angebotene Begrüßungsschnaps auf die Rechnung aufgeschlagen werden. Manch ein Kellner genehmigt sich außerdem gern selbst ein Trinkgeld. Wenn du mit einer Rechnung unzufrieden bist, bitte um ein Gespräch mit dem Geschäftsführer. Der hat wenig Interesse an einer unangenehmen Szene. Im Ernstfall kannst du dich an die Polizei wenden. Die mag Abzocker gar nicht.

KLEINKRIMINALITÄT

Taschendiebe tarnen sich in der Metro als Touristen und greifen hinter ausgebreiteten Stadtplänen zu, andere geben sich in einer Seitenstraße als Zivilpolizisten aus und konfiszieren „Falschgeld" aus deiner Brieftasche. Diese Banden gehen im Zweifelsfall mit brutaler Härte vor!

WETTER IN PRAG

Hauptsaison
Nebensasion

	JAN.	FEB.	MÄRZ	APRIL	MAI	JUNI	JULI	AUG.	SEPT.	OKT.	NOV.	DEZ.
Tagestemperaturen	1°	3°	9°	14°	19°	23°	25°	24°	21°	13°	7°	2°
Nachttemperaturen	-4°	-3°	0°	4°	9°	12°	14°	14°	10°	6°	2°	-2°
Sonnenschein Stunden/Tag	2°	3°	4°	6°	8°	8°	8°	8°	6°	4°	1°	1°
Niederschlag Tage/Monat	6°	5°	6°	8°	9°	9°	9°	9°	7°	7°	6°	7°

Sonnenschein Stunden/Tag   Niederschlag Tage/Monat

SPICKZETTEL TSCHECHISCH

SMALLTALK

ja/nein/vielleicht	ano/ne/možná	ano/nä/moschna
bitte	prosím	prossihm
danke	děkuji	djäkuji
Gute(n) Morgen!/Tag!/ Abend!/Nacht!	Dorbé ráno!/Dobrý den!/Dobrý večer!/ Dobrou noc!	dobräh rahno/dobrih dän/dobrih wätschär/ dobrou nots
Hallo!/Auf Wiedersehen!	Ahoj!/Na shledanou!	ahoj/nas chlädanou
Tschüss!	Ahoj!	ahoj
Ich heiße …	Jmenuji se …	jmännuji ssä …
Wie heißt du?/ Wie heißen Sie?	Jak se jmenuješ?/ Jak se jmenujete?	jack ssä jmännujäsch?/ jack ssä jmännujätä?
Entschuldige!/ Entschuldigen Sie!	Promiň!/Promiňte!	prominj/prominjtä
Wie bitte?	Prosím?	prossihm?

ZEIGEBILDER

ESSEN & TRINKEN

Die Speisekarte, bitte.	Jídelní lístek, prosím.	jihdälnih lihsstäk prossihm
Ich hätte gerne …	Dal *(m)*/Dala *(f)* bych si …	dal/dala bich ssi
Bäckerei/Markt/Kiosk	pekárna/trh/kiosk	päkahrna/trch/kiosk
Lebensmittelgeschäft	potraviny	potrawini
Milch/Sahne/Zitrone	mléko/smetana/citron	mlähko/smätana/tsitron
Wasser mit (ohne) Kohlensäure	(ne) perlivá voda	(nä) pärliwa woda
Vegetarier(in)/Allergie	vegetarián(ka)/alergie	wägätariahn(ka)/alärgiä
Ich möchte zahlen, bitte.	Chtěl *(m)*/Chtěla *(f)* bych zaplatit, prosím.	chtjäl/chtjäla bich saplatit prossihm
Rechnung/Trinkgeld	účet/spropitné	utschät/sspropitnäh
bar/Kreditkarte	hotově/kreditní karta	hotowjä/kräditnji karta

NÜTZLICHES

Wo ist …?/Wo sind …?	Kde je …?	gdä jä …?
Wie viel kostet …?	Kolik stojí …?	kolik sstojih …?
Wo finde ich einen Internetzugang/WLAN?	Kde najdu připojení na internet/wifi?	gdä najdu prschipojänji na intärtät/wifi
Wie viel Uhr ist es?	Kolik je hodin?	kolik jä hodjin?
heute/morgen/gestern	dnes/zítra/včera	dnäss/sihtra/ftschära
Apotheke/Drogerie	lékárna/drogerie	läkarna/drogäriä
offen/geschlossen	otevřeno/zavřeno	otäwrschäno/sawrschäno
nah/weit	blízko/daleko	blihsko/daläko
kaputt/funktioniert nicht	rozbitý/nefunguje	rossbittih/näfungujä
Fahrplan/Fahrschein	jízdní řád/jízdenka	jisdnih rschahd/jihsdänka
Hilfe!/Achtung!	Pomoc!/Pozor!	pomots/posor
0/1/2/3/4/5/6/7/8/9/10/100/1000	nula/jeden *(m)*; jedna *(f)*; jedno *(n)*/dva *(m)*; dvě *(f+n)*/tři/čtyři/pět/šest/sedm/osm/devět/deset/sto/tisíc	nula/jädän; jädna; jädno/dwa; dwjä/trschi/tschtirschi/pjät/schäst/ssädum/ossum/däwjät/dässät/sto/tjissihts

PRAG FEELING

ZUM EINSTIMMEN & AUSKLINGEN

LESESTOFF & FILMFUTTER

SEVERINS GANG IN DIE FINSTERNIS

1914 erschien von Paul Leppin der dämonisch-düstere Prag-Roman schlechthin. Jetzt liegt er mit den gespenstischen Originalillustrationen wieder vor (Vitalis-Verlag, 2015) – z. B. als Anleitung für melancholische Spaziergänge.

NATIONALSTRASSE

Vandam ist ein Vorstadtschläger. Doch er ist sich sicher – 1989 setzte sein Faustschlag die Revolution in Gang. Jaroslav Rudiš gehört zu den markantesten Erscheinungen der aktuellen tschechischen Literatur (2016).

ALOIS NEBEL

Ein einsamer Bahnhof in den Sudeten. Fahrdienstleister Alois Nebel suchen Züge aus düsteren Zeiten heim. Der Animationsfilm (2011) von Tomáš Luňák stellt sich den Schatten der deutsch-tschechischen Geschichte.

PAT UND MAT

Zwei unerschütterliche Heimwerker mit vier linken Händen. Seit Jahrzehnten nehmen die wortlosen Puppentrick-Episoden die tschechische Leidenschaft fürs DIY auf die Schippe. Der Weg zum Happy End führt durch Trümmer und Verwüstung.

PLAYLIST QUERBEET

0:58

II KAREL GOTT – ROT UND SCHWARZ
Wenn Gott richtig loslegte, gingen selbst die Stones in Deckung!

▶ IVAN MLÁDEK – JOŽIN Z BAŽIN
Kult! Auch auf Deutsch als „Schlemihl Emil". Ohrwurmgefahr.

▶ FLOEX – ZORYA
Die junge Elektronikszene mit dem Klangakrobaten Floex liefert den urbanen Prag-Sound.

▶ STO ZVÍŘAT – NEJKRATŠÍ CESTA
Die bösen Texte der gewaltigen Ska-Bande „Sto zvířat" (Hundert Tiere) mögen unverständlich bleiben, die Musik bestimmt nicht! So klingt die Nacht in Žižkov.

▶ AIDKID – HIDDEN LIGHT
Magische Soundlandschaften von dem Prager Multitalent und Elektro-Poeten AidKid – zum Schweben und Sich-Verlieren. Idealer Soundtrack für laue Sommerabende in den Petřín-Gärten!

Den Soundtrack zum Urlaub gibt's auf ***Spotify*** unter ***MARCO POLO Czech Republic***

Oder Code mit Spotify-App scannen

AB INS NETZ

WWW.MAPY.CZ
Das führende Kartenportal: Stadtpläne, Street View, Restaurants, Hotels, Wanderkarten und, und, und – von Prag und vom Rest des Lands. Auch als App

DPP INFO
Die Prager öffentlichen Verkehsmittel hast du fest im Griff mit der App der Verkehrsbetriebe. Bonus für weniger Mobile: Überblick über die barrierefreien Einrichtungen. Bei Verbindungen ins Umland hilft die Fahrplan-App IDOS

WWW.GOOUT.CZ
Hundertprozentiger Langeweilekiller: coole Events und angesagte Locations, von der Galerie bis zum Café. Auch als App

RADIO WAVE
Am Puls der tschechischen Szene: das progressivste tschechische Radio gibt es auch als App – zum Rein- und Mithören

WWW.PRAGUE.EU
Tipps und Infos auf einen Klick im offiziellen Tourismusportal der Stadt

TRAVEL PURSUIT

DAS MARCO POLO URLAUBSQUIZ

Weißt du, wie Prag tickt? Teste hier dein Wissen über die kleinen Geheimnisse und Eigenheiten von Stadt und Leuten. Die Lösungen findest du in der Fußzeile. Und ganz ausführlich auf den S. 20–25.

❶ Wann trinken auch Prager Bierfans gern ein Glas *mlíčko* (Milch)?
a) Wenn's vor vier ist
b) Wenn's ein Bier ist
c) Wenn's grad hier ist

❷ Wie nennen die Tschechen den 2019 verstorbenen Karel Gott?
a) Herrgott
b) Schlagerbarde
c) Meister

❸ Was ist die eigentliche Bedeutung des Wortes *pivo* (Bier)?
a) Getränk
b) Wasser
c) Flüssigkeit

❹ Mit wem hat Karel Gott den Alphaville-Klassiker „Forever Young" gecovert?
a) Helene Fischer
b) Bushido
c) Diffie-Hellman-Group

❺ Was ist das Lieblingstier der Prager?
a) Hund
b) Katze
c) Maus

❻ Wie viele Brauereien gibt es in Prag?
a) ca. 20
b) ca. 50
c) ca. 80

Lösungen: 1b, 2c, 3a, 4b, 5a, 6b, 7c, 8a, 9c, 10c, 11b, 12a

Gutes Prager Bler

❼ Welcher aus Prag stammende Jazzer hat den Miami-Vice-Soundtrack komponiert?

a) Jiří Zange
b) Jakub Hebl
c) Jan Hammer

❽ Der architektonische Kubismus war in der Zwischenkriegszeit …

a) der Nationalstil der jungen Republik
b) eine Notlösung wegen Materialknappheit
c) eine Niedergangsform des Jugendstils

❾ Was zeichnet den Architekturstil des Rondokubismus aus?

a) Runde Ecken
b) Eckige Kreise
c) Rundes in Eckigem

❿ Wie lautete das Motto der Reformbewegung des Prager Frühlings?

a) Sozialismus ohne Eigenschaften
b) Sozialismus oder Tod
c) Sozialismus mit menschlichem Antlitz

⓫ Was ist das Besondere an dem „tschechischen Leonardo da Vinci" Jára Cimrmann?

a) Er hat nie gearbeitet
b) Er hat nie gelebt
c) Er hat nie geschlafen

⓬ Für die Kommunisten war Jazz …

a) organisierter Lärm
b) die Kulturleistung der befreiten Arbeiterklasse
c) imperialistische Unterwanderung

REGISTER

LOB ODER KRITIK? WIR FREUEN UNS AUF DEINE NACHRICHT!

Trotz gründlicher Recherche schleichen sich manchmal Fehler ein. Wir hoffen, du hast Verständnis, dass der Verlag dafür keine Haftung übernehmen kann.

MARCO POLO Redaktion • MAIRDUMONT • Postfach 31 51
73751 Ostfildern • info@marcopolo.de

Impressum
Titelbild: Astronomische Uhr (Schapowalow: C. Warren)
Fotos: DuMont Bildarchiv: P. Hirth (42), Martini (55); huber-images: U. Bernhart (89), P. Canali (Klappe vorne außen, 11), F. Cogoli (99, 122), G. Cozzi (46/47), M. De Santis (14/15, 76), D. Erbetta (136/137), M. Rellini (26/27), M. Ripani (56), R. Schmid (6/7); T. Kirschner (151); laif: T. Gerber (17), N. Hilger (51), P. Hirth (4, 44, 68/69, 90, 94/95, 146/147), J. Modrow (125), D. Schwelle (22, 93, 104/105); Look/age fotostock (12/13); mauritius images: W. Dietrich (102), J. Halaska (132), V. Preusser (65, 129), J. Warburton-Lee (116/117), P. Widmann (49); mauritius images/People/Alamy: P. Forsberg (9); mauritius images/Alamy: M. Andeweg-van Rjin (107), F. Bienewald (134), V. Bucys (21), A. Chernyshov (78), F. Chmura (84/85, 148/149), M. Glueck (58), C. Okolo (62/63, 108/109), J. Okolo (110/111, 114/115), J. Puikkonen (83), S. Reddy (81), K. Richardson (41), C. Stirling Travel (34), S. Trifonov (112/113), G. Tsichlis (8), K. Tupý (75); mauritius images/Alamy/MB_Photo (37); mauritius images/imageboker: V. Wolf (52); mauritius images/imagebroker: S. Kiefer (2/3); mauritius images/Stockimo/Alamy: M. Tijan (10); picture-alliance/Alamy/CTK: Z. Pridal (101); picture-alliance/EPA: F. Snger (25); Schapowalow/SIME: S. Scatà (70/71)

25., aktualisierte Auflage 2023
© MAIRDUMONT GmbH & Co. KG, Ostfildern
Autoren: Antje Buchholz, Thomas Kirschner
Redaktion: Oliver Fülling
Bildredaktion: Susanne Mack
Kartografie: © MAIRDUMONT, Ostfildern (S. 32–33, 61, 118–119, 121, 124, 128, 131, 135, Umschlag innen, Umschlag außen, Faltkarte); © MAIRDUMONT, Ostfildern, unter Verwendung von Kartendaten von OpenStreetMap, Lizenz CC-BY-SA 2.0 (S. 28–29, 30–31, 38–39, 45, 57, 66–67, 72–73, 86–87, 96–97)
Als touristischer Verlag stellen wir bei den Karten nur den De-facto-Stand dar. Dieser kann von der völkerrechtlichen Lage abweichen und ist völlig wertungsfrei.
Gestaltung Cover, Umschlag und Faltkartencover: bilekjäger_Kreativagentur mit Zukunftswerkstatt, Stuttgart;
Gestaltung Innenlayout: Langenstein Communication GmbH, Ludwigsburg
Spickzettel: in Zusammenarbeit mit PONS Langenscheidt GmbH, Stuttgart
Konzept Coverlines: Jutta Metzler, bessere-texte.de

Printed in Poland

FSC www.fsc.org MIX Paper | Supporting responsible forestry FSC® C018236

MARCO POLO AUTOR
THOMAS KIRSCHNER
In den späten Siebzigerjahren mit drei Jahren der erste Blick nach Tschechien, über den Eisernen Vorhang im Bayerischen Wald: ein unüberwindlicher Zaun – und dahinter nichts als Bäume. Offenbar ein Land mit Geheimnis. Dem ist der gebürtige Rheinländer seitdem auf der Spur – seit nun fast 20 Jahren direkt aus Prag – für Rundfunk und Fernsehen, aber vor allem für sich selbst.

BLOSS NICHT!

FETTNÄPFCHEN UND REINFÄLLE VERMEIDEN

IRGENDWO PARKEN

Die inneren Stadtbezirke sind parzelliert in einem schwer durchschaubaren System von Kurzzeit- und Anwohnerparkzonen. Mit oder ohne Ticket: hier wird es schnell teuer. Tipp: Der ÖPNV funktioniert perfekt.

BORDSTEINPARTYS SCHMEISSEN

Echt wahr: In großen Teilen der Prager Innenstadt und auch im Petřín-Park gilt Alkoholverbot im öffentlichen Raum. Ein gesittetes Durstbier toleriert die Polizei vielleicht, nächtliche Grölgelage sicher nicht.

IN JEDES TAXI STEIGEN

Steig nie in ein Taxi ein, das an einem für Touristen interessanten Ort wartet. Allzu oft sind solche Wagen mit einem manipulierten Taxameter ausgerüstet. Lass dich auch nicht auf Preisverhandlungen vorab ein – dabei zahlst du am Ende immer drauf. Halte dich an die großen Unternehmen AAA und City-Taxi oder an die App Liftago.

AM ZEBRASTREIFEN TRÄUMEN

Fußgänger leben in Prag gefährlich. Rechne nicht damit, dass Autofahrer am Zebrastreifen halten! Und achte vor allem auf Straßenbahnen. Die nämlich haben immer Vorfahrt – auch an Zebrastreifen.

SORGLOS GELD TAUSCHEN

Noch immer begegnen einem rund um den Wenzelsplatz zwielichtige Gestalten, die den Schwarztausch von Geld anbieten. Weiten Bogen darum machen! Alles was es hier zu gewinnen gibt, ist ein Bündel wertloser Balkan-Banknoten.